Edition Rosenberger

Die „Edition Rosenberger" versammelt praxisnahe Werke kompetenter Autoren rund um die Themen Führung, Beratung, Personal- und Unternehmensentwicklung. Alle Werke in der Reihe erschienen ursprünglich im Rosenberger Fachverlag, gegründet von dem Unternehmens- und Führungskräfteberater Dr. Walter Rosenberger, dessen Programm Springer Gabler 2014 übernommen hat.

Alexander Haubrock
Sonja Öhlschlegel-Haubrock

Der Mythos vom König Kunde

Wie Kundenorientierung tatsächlich gelingt

4. Auflage

Alexander Haubrock
Fachbereich Wirtschaft
Hochschule Aalen
Aalen, Deutschland

Sonja Öhlschlegel-Haubrock
Greven, Deutschland

Bis 2014 erschien der Titel im Rosenberger Fachverlag, Leonberg.

Edition Rosenberger
ISBN 978-3-658-07757-0   ISBN 978-3-658-07758-7 (eBook)
DOI 10.1007/978-3-658-07758-7

Die Deutsche Nationalbibliothek verzeichnet diese Publikation in der Deutschen Nationalbibliografie; detaillierte bibliografische Daten sind im Internet über http://dnb.d-nb.de abrufbar.

Springer Gabler
© Springer Fachmedien Wiesbaden Nachdruck 2015
Ursprünglich erschienen bei Rosenberger Fachverlag, Leonberg, 2009
Das Werk einschließlich aller seiner Teile ist urheberrechtlich geschützt. Jede Verwertung, die nicht ausdrücklich vom Urheberrechtsgesetz zugelassen ist, bedarf der vorherigen Zustimmung des Verlags. Das gilt insbesondere für Vervielfältigungen, Bearbeitungen, Übersetzungen, Mikroverfilmungen und die Einspeicherung und Verarbeitung in elektronischen Systemen.
Die Wiedergabe von Gebrauchsnamen, Handelsnamen, Warenbezeichnungen usw. in diesem Werk berechtigt auch ohne besondere Kennzeichnung nicht zu der Annahme, dass solche Namen im Sinne der Warenzeichen- und Markenschutz-Gesetzgebung als frei zu betrachten wären und daher von jedermann benutzt werden dürften.
Der Verlag, die Autoren und die Herausgeber gehen davon aus, dass die Angaben und Informationen in diesem Werk zum Zeitpunkt der Veröffentlichung vollständig und korrekt sind. Weder der Verlag noch die Autoren oder die Herausgeber übernehmen, ausdrücklich oder implizit, Gewähr für den Inhalt des Werkes, etwaige Fehler oder Äußerungen.

Gedruckt auf säurefreiem und chlorfrei gebleichtem Papier

Springer Fachmedien Wiesbaden ist Teil der Fachverlagsgruppe Springer Science+Business Media (www.springer.com)

Für Hannelore

Inhaltsverzeichnis

Widmung V
Inhaltsverzeichnis VII
Vorwort von Hans-Uwe L. Köhler IX

1 Statt einer Einleitung:
  Das Märchen vom König Kunde 1

2 Die Ausgangslage 3
  2.1 Wie gestaltet sich eigentlich der Wettbewerb? 3
  2.2 Die Spielfelder des Andersseins 6
      2.2.1 Spielfeld 1: Das Produkt 6
      2.2.2 Spielfeld 2: Der Preis 9
      2.2.3 Spielfeld 3: Die Vertriebsform 10
      2.2.4 Spielfeld 4: Die Kommunikation 11
      2.2.5 Spielfeld 5: Der Service 12
  2.3 Fazit 13

3 Wollen die nicht oder können die nicht? 17

4 Ein Ausflug in die Sozialpsychologie 23
  4.1 Die Theorie des sozialen Vergleichs und die
      Theorie der sozialen Identität 26
  4.2 Das Bedürfnis besser dazustehen als die anderen 31

5 Warum ist es woanders anders? 37
  5.1 Serviceparadies USA 37
  5.2 Die Wurzeln des Servicedenkens in den USA 40
  5.3 Serviceparadies Japan 45
  5.4 Die Wurzeln des Servicedenkens in Japan 47
  5.5 Produktionsparadies Deutschland 54
  5.6 Die Wurzeln der Produktorientierung
      in Deutschland 57
  5.7 Ein Resümee 62

6 Was kann man da tun? 67
   6.1 Die Ziele 67
   6.2 Maßnahme 1: „Nieder mit dem König" 69
   6.3 Maßnahme 2: „Der Stolz der Diener" 71
   6.4 Maßnahme 3: „Vom Verkäufer zum Gastgeber" 76
   6.5 Maßnahme 4: „Weg mit den Karriereketten" 78
   6.6 Maßnahme 5: „Die Begegnung der Individuen" .. 80

7 **Ein Praxisbeispiel** 83
   7.1 Das Beispielunternehmen 83
   7.2 Die Maßnahme im Unternehmen 84
   7.3 Die Prüfung des Seminarerfolges 84
       7.3.1   Die Gruppe der Befragten 84
       7.3.2   Die Ergebnisse in der Gesamtgruppe 87
       *7.3.3   Die Ergebnisse für Führungskräfte
                und Nicht-Führungskräfte* 91
            7.3.3.1 Unterschiede
                    zwischen den beiden Gruppen 91
            7.3.3.2 Die Ergebnisse für die Führungskräfte ... 93
            7.3.3.3 Die Ergebnisse für die Nicht-
                    Führungskräfte 96
       *7.3.4   Der Einfluss von Dauer der Firmen-
                zugehörigkeit und Lebensalter* 99
   7.4 Rückmeldungen der Teilnehmer 102
   7.5 Fazit der Erfolgsmessung 103

8 **Zusammenfassung** 105

9 **Statt eines Ausblicks:
   Das Happy End des Märchens vom König Kunde** ... 107

Weiterführende Literatur 109

Zu den Autoren 111

Vorwort

Wie viele Bücher zum Thema Kundenorientierung müssen noch geschrieben werden? Wie viele Trainings brauchen deutsche Verkäufer noch, um endlich die wahre Botschaft zu verstehen? Wie viele Trainerinnen und Trainer wollen sich an dieser Aufgabe noch versuchen?

Natürlich, auch nach dem vorliegenden Buch wird weiter geschrieben werden; aber jetzt existiert eine wissenschaftlich gesicherte Grundlage für alle folgenden Überlegungen, wenn es um die Frage geht, ist der Kunde wirklich König? Kein Autor kann zukünftig auf einen entsprechenden Querverweis verzichten und kein Trainer kann an diesen Überlegungen vorbeigehen, ohne seine Arbeit davon beeinflussen zu lassen.

Ein Aspekt dieses Buches ist wirklich wichtig und muss sorgfältig vom Leser bedacht werden: Wenn die schlüssigen Muster aus den USA und Japan in Bezug auf die kulturellen Wurzeln von Service und Dienstleistung gelten sollen, dann muss überlegt werden, wie diese Wurzeln in Deutschland geschaffen werden können.

Dieses Buch ist allein deswegen schon lesenswert, weil es sich nicht – wie viele andere – über mangelnde Kundenorientierung beklagt, sondern fundierte Antworten auf die Frage, wie man Kundenorientierung ermöglichen kann, gibt. Gratulation den Autoren und Ihnen, dass Sie dieses Buch kauften!

Hans-Uwe L. Köhler
Börwang, im September 2006

1 Statt einer Einleitung: Das Märchen vom König Kunde

Einmal vor langer Zeit, wann genau weiß heute niemand mehr zu sagen, kam ein Weiser auf die Idee, dass Kunden-Menschen eigentlich Könige sein sollten oder zumindest als solche behandelt werden müssten. Dies würde unweigerlich dazu führen, dass sich die Kunden-Menschen gut behandelt fühlen und ihren Einkauf immer wieder dort vornehmen würden, wo sie so königlich bedient wurden. Der Weise zog mit dieser „König-Kunde-Idee" aus und verbreitete die frohe Botschaft nah und fern, und schon bald gab es viele Kaufleute, welche die Geschichte glaubten und sich vornahmen, ihre Kunden gar königlich zu umwerben. Alsbald stellte sich aber ein dramatisches Problem ein, und eine große Frage drängte sich auf: Wie behandelt man eigentlich einen König?

Da es auf der Welt recht wenig Könige gab und nur geringe Erfahrungen im Umgang mit ihnen vorlagen, griff man auf das zurück, was allgemein logisch klang: Könige werden demütigst, untertänigst und zuvorkommend bedient und umschmeichelt.

Diese einfache Handlungsanweisung musste nur noch dem Dienervolk im Verkauf vermittelt werden. Dafür ließ man sich gar vieles einfallen. Zum Beispiel Merksätze wie: „Denke immer daran, dass der Kunde der wichtigste Faktor im Unternehmen ist – er bringt das Geld – er erhält deinen Arbeitsplatz", oder: „Der Kunde ist nicht nur König – er ist Gott, denn er entscheidet über Leben und Tod des Unternehmens."

Da wunderte es nur, dass trotz dieser frohen Sprüche die Diener im Service immer aufsässiger wurden. Sie flüchteten und verbargen sich vor dem König, wo sie nur konnten.

Diejenigen, die nicht weglaufen konnten, z. B. weil man sie in Boxen an der Kundeninformation eingesperrt hatte, zeigten ihren Widerstand auf andere Weise. Sie hängten launige Merksprüche auf wie: „Ich bin hier auf der Arbeit und nicht auf der Flucht", oder: „Fragen Sie ruhig: Einfache Fragen kosten 2 Euro, überflüssige Fragen 10 Euro und dumme Fragen 20 Euro". Der König-Kunde wurde das meistgefürchtete Wesen der Handelswelt.

Abends, wenn die Kinder der Diener im Service nicht einschlafen wollten, sagte man ihnen: „Wenn du jetzt nicht gleich schläfst, hole ich einen Kunden!" Da fühlten sich die Kinder genauso unwohl wie tagsüber ihre Eltern und schliefen zwar nicht ein, aber waren doch wenigstens nur noch still und leise zornig, genauso wie tagsüber ihre Eltern. Sie schworen sich, niemals dem Dienervolk im Service beizutreten, denn sie lernten früh, dass man dem König-Kunde nie zu nahe kommen sollte. Die Herren des Dienervolkes waren darüber erzürnt und unglücklich, denn sie vermuteten, dass sich der König-Kunde ganz von ihnen abwenden könnte, und sie ließen viele Weise kommen, die ihnen Weises sagen sollten.

In der Mitte des Geschehens aber stand der einsame König-Kunde, den niemand jemals gefragt hatte, ob er eigentlich König sein wollte. Und wenn wir nichts dagegen tun, dann steht er da noch heute.

2 Die Ausgangslage

Das Thema Kundenorientierung ist ein Dauerbrenner, ein Reizthema, ein Thema, das verzweifelt und ratlos macht und bei dem sich die Diskussion im Kreis dreht – aber auf alle Fälle ist es ein wichtiges Thema. Diese Aussage, dass Kundenorientierung ein wichtiges Thema sei, wird meistens einfach aufgestellt und genauso einfach hingenommen. Häufig wird diese Aussage dann noch unterlegt mit einer Flut an negativen Beispielen zur Kundenorientierung und einer großen Klage über mangelnde Dienstleistungsmentalität.

Wir haben uns für dieses Buch vorgenommen, diesen Weg einmal *nicht* zu gehen. Sicher, Sie werden uns dabei ertappen, dass wir doch an einigen Stellen ein wenig klagen und negative Beispiele bringen, aber wir versprechen, dass wir uns auf wenige Stellen beschränken und uns vorher überlegen, ob dies wirklich notwendig ist. Wir möchten auch etwas anders als üblich beginnen. Wir gehen nämlich nicht davon aus, dass Kundenorientierung einfach so und an sich wichtig ist. Kundenorientierung ist nur dann ein wichtiges Thema, wenn sie praktische Relevanz für die Steuerung von Unternehmen und vor allem für den Erfolg von Unternehmen besitzt. Um diesen Ansatz zu verdeutlichen, wollen wir zunächst überlegen, wie sich heute unser Wettbewerbsumfeld gestaltet.

2.1 Wie gestaltet sich eigentlich der Wettbewerb?

Wäre die Unternehmenswelt wie Fußball, würde man sagen: „Das Spiel ist athletischer geworden." Es gab Zeiten, da haben die Großen die Kleinen gefressen. Später waren es die Schnellen, die sich an den Langsamen gütlich getan haben. Heute verzehren die Profis die Amateure.

Lassen Sie uns kurz darstellen, wie die Wettbewerbswelt aus unserer Sicht heute beschaffen ist. Für nahezu jede Branche gelten die folgenden Trends:

> Es besteht ein Überangebot an Produkten und Dienstleistungen vergleichbarer Qualität.

Wir haben von allem zuviel. Praktisch alle Märkte sind mit Produkten, die qualitativ gleichwertig sind, übersättigt. Es gibt mehr Fernseher, mehr Autos und mehr Brötchen, als wir jemals kaufen könnten. Produktknappheit gibt es nur in wirklichen Randbereichen. Diese Entwicklung trifft uns gerade in Deutschland besonders hart. Denn die Herstellung von qualitativ hochwertigen Produkten war über lange Jahre eine unserer wesentlichen Domänen. Möglicherweise hat uns dies auch satt und träge gemacht, aber es gilt einfach heute:

> Qualität allein ist keine Erfolgsgarantie, sondern die Eintrittskarte in den Markt.

Auch wenn es schade ist: Der Kunde von heute setzt Qualität einfach voraus. Qualität ist etwas Selbstverständliches geworden, und wer mit Qualität wirbt, wirbt mit einer Selbstverständlichkeit.

Nehmen Sie als Beispiel für diese Entwicklung die Automobilindustrie. Früher haben deutsche Hersteller noch ganz einfach damit geworben, dass sie deutsche Autos produzierten. Dies war gleichbedeutend mit einem Qualitätssiegel, mehr musste nicht gesagt werden, und diejenigen, die sich kein deutsches Auto leisten konnten, hätten gerne eines gehabt. In den letzten Jahren hat sich das drastisch geändert. Die ausländische Konkurrenz auf dem Automobilmarkt hat sich stark entwickelt und steht im qualitativen Bereich in nichts mehr nach. Die Krise, die viele deutsche

Automobilhersteller gerade im Bereich der Klein- und Mittelklassewagen getroffen hat, ist letztlich darauf zurückzuführen, dass keine neuen Verkaufsargumente entwickelt wurden. Als sie sich dann in einer Wettbewerbssituation sahen, in der ihr Qualitätsargument zur Selbstverständlichkeit wurde, kam vielfach der Einbruch. Sie mussten, wie andere Branchen auch, die bittere Erfahrung machen:

> Die Kunden verhalten sich wechselhaft.

Klassische Stammkundenbindung nimmt immer mehr ab. Und warum sollte sich der Kunde auch an ein Unternehmen binden, wenn er doch viele Anbieter mit gleicher Qualität vorfindet? Der Kunde – und denken Sie auch einmal an sich selbst als Kunden – tut das Naheliegende. Er kauft dort, wo es gerade bequem ist, und wenn es anderswo bequemer ist, kauft er halt woanders.

Der Schluss aus diesen Entwicklungen muss daher der folgende sein:

> Unternehmen müssen (wieder) lernen, sich deutlich und positiv von ihren Wettbewerbern zu unterscheiden.

oder

> Gewinnen wird der, der positiv anders ist.

Zu Recht stellt sich nun die Frage: Wie soll denn dieses *Anderssein* aussehen, wie soll es sich anfühlen, wie soll es ge- und erlebt werden? Um dieser Frage näher zu kommen, möchten wir im Folgenden auf die Spielfelder des *Andersseins* eingehen.

2.2 Die Spielfelder des Andersseins

Vereinfacht gesprochen lassen sich heute nur fünf Spielfelder finden, auf denen Anderssein überhaupt möglich ist. Wir werden bei diesen Spielfeldern vernachlässigen, dass Unternehmen in ihren inneren Strukturen sehr unterschiedlich und damit auch „anders" sind. Bei den Spielfeldern des Andersseins werden wir nur auf solche eingehen, die vom Kunden als Unterschied wahrgenommen werden können.

2.2.1 *Spielfeld 1: Das Produkt*

Wir haben weiter oben gesagt, dass es ein Überangebot an Produkten und Dienstleistungen vergleichbarer Qualität gibt. Das Produkt an sich macht keinen Unterschied aus. Wir müssen uns von dem Gedanken verabschieden, dass gute oder sehr gute Produkte automatisch Anderssein erzeugen. Um im Produkt „anders" zu sein, gibt es zwei Möglichkeiten.

Zum einen ist es möglich, Unikate zu fertigen, also Produkte, die es wirklich nur einmal oder in einer sehr stark limitierten Auflage gibt. Nur in diesem Fall haben Sie wirklich ein anderes Produkt und sind in der Tat „anders". Für die meisten Produzenten oder Anbieter von Dienstleistungen verbietet sich allerdings diese Strategie, da ihre Unternehmen auf Massenproduktion ausgerichtet sind. Diese Voraussetzung macht eine andere Strategie nötig, nämlich die der *Marke*.

Marken sind geschaffen worden, um eine Einmaligkeit bzw. eine Exklusivität zu suggerieren. Die Marke hebt das an sich gewöhnliche und vergleichbare Produkt heraus und umgibt es, bei einer gut geführten Marke, mit einem gewissen Zauber, einem besonderen Glanz, einer besonderen Gestalt. Das Markenprodukt ist eben „anders" als die anderen. Natürlich fallen uns bei Marken sofort die großen Marken wie Coca-Cola, McDonald's oder Mercedes ein. Die Schaffung und Führung einer Marke ist aber unabhängig von der Unternehmensgröße. Auch sehr kleine und vielleicht unscheinbare Unternehmen können erfolgreich Marken kreieren und führen. Lassen Sie uns hierzu eine kleine persönliche Geschichte erzählen:

Wir beide sind, so müssen wir zugeben, bekennende Pommesbuden-Besucher, d. h. wir empfinden es als durchaus angemessen, uns nach einem anstrengenden Tag in die dunstig fettige Luft eines klassisch herkömmlichen Fast-Food-Restaurants zu begeben. Wir gehen sogar soweit, dass wir die dort angebotenen Produkte mit einer gewissen Lust verzehren. Für uns ist es daher wichtig zu wissen, welches die beste Pommesbude am Ort ist. Als wir beide neu in der Kleinstadt waren, in der wir heute leben, mussten wir kleinere Marktforschungsstudien betreiben, um eben diese beste Pommesbude des Ortes zu finden. Einfach gesagt – wir haben herumgefragt. Erstaunlicherweise waren sich alle von uns Befragten vollkommen einig: Die besten Pommes gibt es bei Herbert. Was macht nun das besondere an Herbert bzw. seinen Pommes aus? Auf den ersten und zweiten Blick scheinen sowohl die Pommesbude als auch die dargebotenen Produkte bei Herbert wie anderswo auch. Beim genaueren Lesen dessen, was man anderswo vielleicht Speisekarte nennt, fallen aber Bezeichnungen auf, die zumindest ungewöhnlich sind. Wer weiß zum Beispiel schon genau, was ein Frikka-Menü ist? Herbert hat also für einige Produkte eigene Namen geschaffen. Dies ist ein wichtiger Schritt in der Markenbildung, aber keineswegs die ganze Kunst. Der zweite Schritt in Herberts Markenbildung ist, dass er seine gewöhnlichen und vergleichbaren Pommes ein klein wenig variiert. Herbert bestreut nämlich seine Pommes mit Curry. An sich vielleicht auch nichts Geniales, aber das Produkt erfährt auf diese Weise eine kleine Abwandlung und sieht zumindest etwas anders aus als die anderen.

Das Wichtigste in der Markenführung von Herbert hat aber gar nichts mehr mit dem Produkt zu tun – und genau dies ist der Punkt. Marken leben nicht von dem Produkt, das notwendigerweise vorliegt, sondern sie leben ganz entscheidend von ihrer Inszenierung. Bei Herbert bedeutet dies, dass er, falls sie also Pommes oder ein Frikka-Menü bestellt haben, zunächst einmal alles ganz normal in die kleine Plastikschale legt, sich dann aber Ihnen als Kunde zuwendet, Ihnen tief in die Augen sieht, die Hand nach der Currybüchse ausstreckt und sie mit einer schwer nachzuahmenden Stimme fragt: „Darf's ein bißchen schärfer sein?" Falls Sie zustimmen, gibt es in der Regel noch einen launigen Spruch hinterher. Auf diese Weise zelebriert Herbert allabendlich – außer montags, da ist Ruhetag – seine Pommes, Frikadellen und Bratwürste. Die Marke lebt also nicht von den Produkten, sondern davon, wie die Marke inszeniert, zelebriert und kommuniziert wird. Wird dies geschickt getan, wird die Marke stark. Für Herbert war es der beste Markentest, als McDonald's eine Filiale im gleichen Ort eröffnete. Das Ergebnis war, dass alle anderen Pommesbuden verloren, Herbert aber nach wie vor Schlangen von Kunden zu bewältigen hat.

Die Geschichte geht allerdings noch weiter. Aufgrund des Unternehmenserfolges zog Herbert eines Tages aus der einfachen Bretterbude, in der er die Pommes und Bratwürste zubereitete und den im Freien stehenden Kunden über eine große Klappe nach draußen reichte, in ein deutlich moderneres Gebäude um. An sich eine schöne Idee – aber irgendwie war es hinterher doch anders. Herbert starb dann sehr überraschend und mit ihm die Inszenierung. Die Pommesbude gibt es noch heute und nach wie vor gibt es dort mehr oder weniger die gleichen Gerichte. Aber es ist anders, und ohne dass wir irgendwelche Aussagen über den wirtschaftlichen Erfolg machen könnten, wirkt es doch so, als sei die Kundenzahl etwas zurückgegangen. Ein schönes Beispiel dafür, dass der Erfolg einer Marke an Symbolen, und dann natürlich auch an ihrem Erhalt festzumachen ist.

Marke hat also nichts mit der Größe des Unternehmens zu tun. Sie hat eigentlich auch nichts mit dem Produkt an sich zu tun, sondern damit, wie das Unternehmen, das die Marke kreiert, mit seinen Kunden kommuniziert und umgeht. Entscheidend ist, dass die Menschen, die eine Marke verkaufen, hinter dieser Marke stehen und welche Beziehung sie zum Kunden aufbauen.

2.2.2 Spielfeld 2: Der Preis

Der Preis wäre das zweite mögliche Wettbewerbsfeld. Wir möchten hier nicht in die Diskussion um Lohnkosten und den Standort Deutschland einsteigen, aber im Großen und Ganzen ist doch geklärt, dass Billigschienen sicher ihre Berechtigung und auch ihren Erfolg haben, aber dass preiswerte oder billige Produkte sicher kein Markt für alle sind. Die Discounter im Lebensmittelbereich machen uns gerade vor, dass auch der Billigmarkt kein einfacher ist. Es ist nun eine unternehmensstrategische Entscheidung, ob man sich, und dies ist keineswegs abwertend gemeint, in den Kreis der Billiganbieter einreihen kann und will oder ob man sich auf ein anderes Wettbewerbsfeld begibt.

Vielleicht müssen wir uns einfach damit abfinden, dass es vergleichbare oder gar gleiche Produkte woanders billiger geben kann und wird. Dies ist auch nicht schlimm. Zahlreiche Beobachtungen und Marktanalysen zeigen, dass der Verbraucher bereit ist, Geld auszugeben. Langsam zieht auch wieder die Binnenkonjunktur an. Dabei ist nicht „Geiz geil". Viel häufiger trifft man inzwischen die Haltung: „Ich will das Beste für mein Geld". Dies ist etwas völlig anderes als unbedingte Sparsamkeit. Der Verbraucher ist im Wesentlichen bereit zum Konsum und damit auch bereit, einen gewissen Preis zu bezahlen. Er erwartet aber für diesen Preis einen optimalen Gegenwert und ist in der Beurteilung dieses Gegenwertes sicher kritischer geworden. Im Grunde findet sich auch hier wieder, dass das Produkt als Gegenwert allein kaum ausreicht. Zum Gegenwert gehören auch die Darbietung des Produktes, das Ambiente, der Service etc. Stimmen diese Komponenten, lassen sich selbstverständlich auch angemessene Preise erzielen. Doch einerlei, ob ich eine Niedrigpreispolitik oder eine Hochpreispolitik verfolge: Ich benötige wiederum die Menschen, die zu dieser Politik passen und sich gemäß dieser Politik verhalten.

2.2.3 Spielfeld 3: Die Vertriebsform

Unterschied zu anderen Wettbewerbern kann natürlich auch durch die Art und Form des Vertriebs dokumentiert werden. Die technische Entwicklung führt uns hier zu völlig neuen Vertriebsformen und Wegen. Einkaufen (neudeutsch: Shopping) über das Internet wächst und zum „Surfen" braucht man heute kein Brett mehr, sondern eine Maus. Das Internet ist aber nur ein Beispiel für eine alternative Vertriebsform. Denken wir auch an die boomende Vertriebsform der unterschiedlichsten Heimlieferservices. Von der Pizza über die Eiscreme hin zur gebügelten Wäsche kann sich der Verbraucher heute praktisch alle Dinge ins Haus liefern lassen. Die Unternehmen, die früh mit solchen alternativen und neuen Vertriebsformen begonnen haben, stehen heute im Markt glänzend dar. Anderssein durch die Art des Vertriebs ist also eine erfolgreiche Strategie. Doch auch diese Strategie geht nur dann auf, wenn das Drumherum stimmt. Der Kunde erwartet natürlich nicht nur, dass ihm seine Pizza ins Haus geliefert wird. Er erwartet auch, dass die Lieferung pünktlich erfolgt, dass der Pizza-Bote freundlich ist und die Produkte einwandfrei sind.

Von den Entwicklungen im Shopping über das Internet können übrigens indirekt auch Unternehmen profitieren, die diese Art des Einkaufs gar nicht anbieten, sondern klassisch über Filialen vertreiben. Stellen wir uns einmal einen Kunden vor, der einen gewissen Teil seiner Einkäufe per Internet abwickelt. Der Kunde wird im Internet vor allem die

Dinge kaufen, deren Erwerb für ihn nur einen geringen Erlebnisgehalt hat. Die eCommerce Studie 2004 der Deutschen Postbank kommt, wie viele andere Studien, zu dem Ergebnis, dass über das Internet vor allem Produkte wie Bücher, CDs/DVDs, Reisen, Tickets und elektronische Produkte erworben werden. Es ist damit zu rechnen, dass sich die Einkaufszahlen in Bezug auf diese Produkte auch noch erhöhen werden. Interessanterweise ist laut der Postbank-Studie der größte Hinderungsgrund im Internet einzukaufen, dass der persönliche Kontakt mit der Ware fehlt. Sicherheitsbedenken sind erst der zweithäufigste Grund. Dies bedeutet, dass es sicher Branchen bzw. Branchenzweige gibt, die vom Internethandel stärker betroffen sein werden als andere. Umgekehrt wird durch das Internet aber auch eine Erlebnismöglichkeit für den klassischen Handel deutlicher. Geht der Kunde nämlich hinaus in die „reale Welt", wird er umso interessierter an angenehmen, persönlichen Kauf- und Verkaufserlebnissen sein. Kontakt zu Menschen und Ware werden dadurch noch wichtiger als früher. So werden auch die elektronischen Medien die Menschen im Verkauf und im Service nicht verdrängen. Vielleicht sogar ganz im Gegenteil, vielleicht werden eben gerade die elektronischen Medien dazu führen, dass die menschlichen Kontakte noch mehr an Bedeutung gewinnen.

2.2.4 Spielfeld 4: Die Kommunikation

Die Kommunikation mit dem Kunden ist eine weitere große Möglichkeit des Andersseins. Wir verstehen dabei unter Kommunikation nicht nur die Werbung, sondern auch die persönliche Ansprache des Kunden im direkten Kontakt, die Kommunikation im Schriftverkehr, den Umgang am Telefon und alle weiteren Fälle, in denen das Unternehmen mit dem Kunden in Kontakt tritt. Viele Unternehmen haben bis heute nicht erkannt, dass Kommunikation dieses weite Feld von Kontaktmöglichkeiten bedeutet. Viele Unternehmen bemühen sich erfolgreich um Unterschiede und

Anderssein in der Werbung. Dieser Teil der Kommunikation mit dem Kunden ist aber nur die halbe Miete.

In der Kommunikation mit dem Kunden ist entscheidend, welches Kunden-„Bild" vom Unternehmen und seinen Mitarbeitern gelebt wird. Wir betonen *gelebt,* denn dass der Kunde im Mittelpunkt steht, dass seine Zufriedenheit das höchste Interesse des Unternehmens ist, dass die Kundenorientierung oberstes Ziel des Unternehmens ist, dies alles steht in jeder besseren Unternehmensphilosophie.

Die Frage ist aber, *welches* Bild real von allen Mitarbeitern und dem Chef in den unterschiedlichen Kontaktsituationen mit dem Kunden *gelebt* wird. Und genau damit lässt sich auch der Unterschied machen. Egal, was in der Unternehmensphilosophie und den Unternehmenszielen formuliert ist: Das gelebte Bild vom Kunden und die daraus resultierenden Verhaltensweisen können einen riesigen Unterschied zu anderen Unternehmen ausmachen. Die bringt uns dann auch zu dem fünften und letzten Spielfeld der Unterschiede.

2.2.5 *Spielfeld 5: Der Service*

Das weitaus größte Spielfeld für Unterschiede findet sich in Deutschland im Servicebereich. Nicht etwa, weil dieses Spielfeld an sich größer wäre als die anderen. Es liegt einfach daran, dass sich auf diesem Spielfeld die wenigsten Unternehmen tummeln. Hier ist wirklich Platz.

Es scheint fast so, als würden sich viele Dienstleistungsunternehmen in Deutschland gar nicht so gern an dieses Thema heranwagen. Sicher wird es heiß diskutiert, kommt andauernd in den Medien vor und beschäftigt die Konzernspitzen auf den Fachtagungen. Auswirkungen dieser Diskussion sind allerdings seltener spürbar. Dieses Phänomen wird von den Unternehmen meistens damit erklärt, dass es in Deutschland keine Servicementalität gebe. Überall anders auf der Welt ja, bei uns hier halt nicht. Es ist fraglich, ob wir Deutschen wirklich so anders sind, oder ob es vielleicht daran liegen könnte, dass bei der Kundenorientierung bisher ein falscher Ansatz gewählt wurde.

Wir gehen von Letzterem aus und verfolgen mit diesem Buch genau die Absicht, einen neuen Ansatz in der Kundenorientierung aufzuzeigen. Denn es ist unzweifelhaft: Da die Deutschen im erlebten Service eher unterversorgt sind, bietet kein anderes Spielfeld solche Möglichkeiten zum Unterschied wie dieses. Das Unternehmen, das sich hier positiv differenziert, wird erfolgreich sein.

2.3 Fazit

Wie wir es drehen und wenden – es bleibt uns der Service am Kunden als letztes echtes Wettbewerbsfeld. Insofern gilt auch, dass Kundenorientierung, denn nichts anderes ist Service eigentlich, einer der wesentlichen Schlüssel zum Unternehmenserfolg ist.

Der Wirtschaftsexperte PETER DRUCKER wurde einmal gefragt, was seiner Meinung nach den Unterschied zwischen Unternehmen in den immer enger werden Märkten ausmachen werde. DRUCKER antwortete damals, dass es drei Dinge sein würden, die den Unterschied bestimmen werden: Die Menschen, die Menschen und nochmals die Menschen. Machen wir uns klar: Es werden nicht unsere Produkte sein, auch nicht im Kern unser Preis, sondern die Art, wie wir mit dem Kunden umgehen oder unsere Mitarbeiter mit dem Kunden umgehen lassen, die unseren wirtschaftlichen Erfolg bestimmen. Wir müssen wegkommen von Produktverliebtheit und Krämermentalität. Der Kunde von heute ist konsumorientiert, er hat Zeit für Konsum, er hat in der Regel die finanziellen Mittel für Konsum, er hat aber auch Ansprüche, die über das Produkt hinausgehen. Da beginnt die Herausforderung, der wir uns stellen müssen.

Kundenorientierung ist in Not. Zahlreiche Veröffentlichungen der letzten Jahre beklagen die wachsende Unfreundlichkeit und den mangelnden Service dem Kunden gegenüber. Gleichzeitig starten zahlreiche Unternehmen umfangreiche und kostenintensive Schulungsprogramme, um ihre Mitarbeiter endlich kundenorientierter werden zu lassen. Viele dieser Programme versickern aber in der scheinbaren Wüste der „Kundenunlust". Sie versickern, ohne dass jemals wirklich klar wird, warum eigentlich. Wehmütig blicken die Paten solcher Kundenorientierungsprogramme in Länder wie die USA oder Japan, wo es doch scheinbar so viel besser ist.

Zweifelsfrei sind wir Deutschen dabei seit jeher für unsere Produkte berühmt gewesen. Es war immer gut, wenn es „Made in Germany" war. „Bought in Germany" war dagegen noch nie ein Prädikat. In unserer westlichen Überflussgesellschaft ist der Konsum aber schon lange Luxus und Lust und nicht mehr Notwendigkeit. Der Kunde beginnt andere Ansprüche zu stellen: Er möchte in entsprechender Weise „behandelt" werden, möchte aus dem Kaufakt ein Erlebnis machen, möchte es genießen, sein Geld auszugeben.

Der Kunde entwickelt sich also weg von der Produktorientierung hin zu einer *Kauf-Erlebnis-Orientierung*. Mit diesem Wandel können wir im Verkauf und im Service scheinbar nur schwer umgehen. Regelmäßig erscheinen Zeitungsberichte, Bücher und Fernsehsendungen, die zeigen, wie kundenunlustig es in unseren Kaufhäusern, Restaurants oder an den Service-Countern von Fluggesellschaften, um nur einige Beispiele zu nennen, zugeht. Der unzufriedene Kunde macht sich Luft, und er organisiert sich. Die Verbraucherschutzverbände haben regen Zulauf. Auf der anderen Seite schlägt der Handel zurück. So wird in vielen Supermärkten das Obst- und Gemüseauswiegen nicht mehr durch den Kunden, sondern beim Bezahlen durch die Kassiererin vorgenommen. Auf den ersten Blick eine sehr kundenfreundliche Handlung. Es ist doch nett, dem Kunden diese lästige Arbeit abzunehmen. Der wahre Grund weist allerdings in eine andere Richtung: Der Handel vermutet, dass unehrliche Kunden nach dem eigenhändigen Auswiegen und Etikettieren zu den drei ursprünglich ausgewogenen Granny Smith noch einen weiteren Apfel (in besonders dreisten Fällen hörte man sogar von zweien) dazuschmuggeln. Bei dieser Grundhaltung wundert es wenig, wenn der einzige Mitarbeiter mit Kundenorientierung der Hausdetektiv ist.

So entwickelt sich Einkaufen zu einem Spiel, das keiner Partei mehr Freude bereitet. Auf der einen Seite zu Recht maulige Kunden, auf der anderen Seite auch zu Recht genervte Mitarbeiter im Verkauf. Kein Wunder, dass da in vielen Unternehmen von einer „Verkaufs-Front" und von den Mitarbeitern „draußen an der Front" gesprochen und gedacht wird. Da nutzen auch keine Prämien, kein Incentiveprogramm und auch kein wohlmeinendes Trainingsprogramm zur Kundenorientierung. Der Witz ist doch: *Alle Mitarbeiter im Verkauf wissen schon, was der Kunde will.* Schließlich sind sie doch in ihrer „zivilen" Zeit selbst Kunden und erleben am eigenen Leib, was dies bedeuten kann. Es ist also nicht etwa „Nicht-Wissen" was davon abhält, anders mit dem Kunden umzugehen. Es ist, lassen Sie uns das klar sagen, „Nicht-Wollen".

Bevor wir an dieser Stelle grob missverstanden werden: Wir glauben nicht, dass sich Mitarbeiter im Verkauf mutwillig unfreundlich verhalten. Wir glauben, dass sie dies tun, weil sie, so wie das Spiel angelegt ist, gar keine andere Wahl haben, als den Kunden so zu behandeln, wie sie es tun. Wir glauben, dass sich die Mitarbeiter im Verkauf vielfach so verhalten müssen, weil es die einzige Möglichkeit ist, mit dem Bild vom König Kunde umzugehen. Wir möchten diesen Gedanken noch ein wenig vertiefen und die Frage: „Wollen die nicht oder können nicht", noch einmal genauer beleuchten.

3 Wollen die nicht oder können die nicht?

Wir haben weiter oben bereits ausgeführt, dass es unwahrscheinlich ist, dass Menschen, die mit Kunden umgehen, einfach nicht wissen, wie kundenfreundliches oder kundenorientiertes Verhalten aussieht.

Natürlich ist es denkbar und möglich, dass eine Person bestimmte Feinheiten in einem Serviceablauf nicht kennt, aber unabhängig von dem, was mit Kunden zu tun hat, können wir doch davon ausgehen, dass fast alle Menschen ein Konzept davon besitzen, was Freundlichkeit oder Zuvorkommenheit sind.

Wenn wir mit Mitarbeitern über Kundenorientierung reden, stellen wir auch immer wieder fest, dass diese eine sehr genaue Vorstellung von dem haben, was Kunden wohl gefallen könnte und wie man es dem Kunden angenehm machen kann. Wissen liegt also vor. Dieses Wissen wird aber nicht in Handlung umgesetzt. Das klingt beim ersten Hinhören merkwürdig, deckt sich aber mit Erfahrungen, die wir alle schon gemacht haben. Wir wissen in einer Situation, welches Verhalten eigentlich angemessen wäre, verhalten uns aber anders. Wissen um das angemessene Verhalten muss nicht immer voll bewusst vorliegen, es ist uns aber zugänglich.

Ein alltägliches Beispiel für dieses Phänomen ist ein Streit. Die meisten Menschen wissen, dass Streiten nicht besonders angenehm und in der Regel auch nicht zielführend ist. Genauso kennen die meisten Menschen „Techniken" und Verhaltensweisen, die streitvermeidend sind oder bei beginnendem Streit zur Deeskalation führen würden. Trotzdem kommt es zu Streit. Das Wissen, dass es auch anders geht, hilft also allein nichts.

Ähnliches geschieht auch den Menschen im Verkauf und Service. Sie können in einer Seminar- oder Gesprächssituation kundenfreundliches und kundenorientiertes Verhalten sehr detailgenau beschreiben und erklären, können auch kreativ an Serviceleistungen überlegen, die im Unternehmen bisher noch gar nicht vorliegen – nur beim Umsetzen in den Alltag, da hapert es irgendwie. Man ist dann häufig einfach versucht zu sagen, dass die Praxis eben ganz anders ist als die Theorie und dass an „der Front" eben ganz andere Regeln gelten als in einem Seminar oder Gespräch. Und genau dort liegt auch der Schlüssel. Es stimmt, dass in der Praxis andere Regeln gelten können, aber wo kommen diese Regeln denn her? Die meisten Regeln, nach denen wir uns verhalten und handeln, sind selbstgemacht. Sie sind in unserem eigenen Kopf vorhanden. Bei den allermeisten dieser Regeln achten wir auch selber auf die Einhaltung, wir haben sie schließlich auch selbst aufgestellt. Mit anderen Worten: Unser Denken steuert unser Verhalten, unser Erleben und unsere Gefühle. Wir handeln so, wie wir *denken,* das heißt, nicht die Dinge um uns herum steuern unser Verhalten, sondern eben das, was wir über diese Dinge denken. Nicht die objektive Realität, sondern deren gedankliche Abbildung bestimmt unser Handeln. Dies möchten wir an einem Modell verdeutlichen:

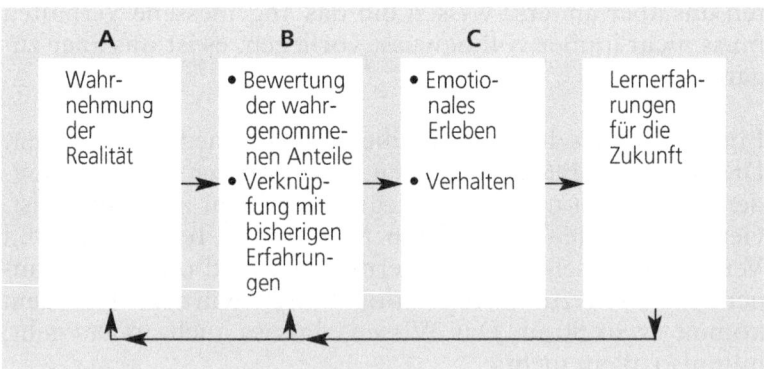

Dieses von uns etwas vereinfachte Modell entstammt den Erkenntnissen der kognitiven Psychologie, insbesondere der Ansätze von ALBERT ELLIS. Am Beginn (A = activating event/aktivierendes Ereignis) steht eine Anforderungssituation. Es passiert etwas und wir nehmen dies wahr. Das nächste, das in der Regel bemerkt wird, sind emotionale Reaktionen, also Gefühle. Im negativen Fall sind dies z. B. starker Ärger oder Angst, die dann zu einem bestimmten Verhalten führen. Diese Reaktionen folgen aber nicht automatisch auf das Ereignis. Vorgeschaltet sind vielmehr Gedanken, Bewertungen und Einschätzungen (B = beliefs/Bewertungen) der Situation. Meist unbewusst wird eine Einschätzung bzw. eine Bewertung der Situation vorgenommen, in die subjektive Wahrnehmung, eigene Interpretation und vor allem persönliche Lebensphilosophie und -regeln eingehen. Erst diese Bewertung führt zu den gefühls- und verhaltensmäßigen Konsequenzen (C = consequences/Gefühle und Verhalten).

Bewertungen und Einschätzungen von Situationen und Ereignissen laufen in der Regel automatisch ab. Genau wie Verhaltensgewohnheiten haben sich Denkgewohnheiten entwickelt. Dies hilft sicher dort, wo sie zur Automatisierung von Verhaltensweisen beitragen, z. B. beim Autofahren. Wer denkt schon bewusst darüber nach, dass eine rote Ampel „Halt" bedeutet und damit einen Bremsvorgang von uns verlangt wird. Man bremst automatisch, weil man irgendwann gelernt hat, dass das die angemessene Reaktion darauf ist.

Hinter Denk- und Verhaltensgewohnheiten stecken also Bewertungsmuster, die als Voraussetzungen notwendig sind, damit sich diese Gewohnheiten überhaupt erst bilden können. Diese Bewertungs- und Denkmuster laufen dann in der Regel automatisch ab, d. h. sie werden nicht neu überdacht oder geprüft. Dies ist in vielen Fällen auch sinnvoll, da Menschen sonst nicht mit der Komplexität des Alltags umgehen könnten. Müsste jede Handlung vor ihrer Ausführung immer erst intensiv überdacht werden, wären Menschen praktisch lebensunfähig. Negativ ist diese Automatisierung aber dann, wenn sich Denk- und Bewertungsmuster etabliert haben, die zu Handlungen führen, die für das Individuum selbst oder aber für seine Umgebung negativ sind.

Die Kernfrage im Rahmen der Kundenorientierung heißt also nicht: Wissen unsere Mitarbeiter nicht, wie man sich kundenorientiert verhält? Sondern die Frage lautet:

Was hindert unsere Mitarbeiter daran, ihr vorhandenes Wissen umzusetzen?

Die einfache Antwort lautet: Etwas im Denken und Glauben dieser Mitarbeiter. Nun mag sich doch der Gedanke aufdrängen, dass wir hier doch nur wieder sagen: Deutschland ist keine Servicenation, weil wir es nicht gelernt haben, serviceorientiert zu denken. Dieser Gedanke greift aber zu kurz. Natürlich ist es das *Denken* der Mitarbeiter im Service, mit dem sie sich selbst an bestimmten Handlungen hindern, aber wir müssen uns doch fragen, was genau denken diese Mitarbeiter, und aus welchem Grund denken sie so?

Wir haben oben bereits gesagt, dass das Spiel im Verkauf und Service häufig so angelegt ist, dass Mitarbeiter in bestimmte Denkweisen verfallen. Interessanterweise sind diese Denkweisen nicht immer wirksam. Beobachtet man einen sonst unfreundlichen oder zumindest distanzierten Verkäufer dabei, wie er gerade einen seiner Freunde oder einen Bekannten bedient, stellen wir mit großem Erstaunen fest, dass die Person, die wir sonst eher als unfreundlich erleben, sich auf einmal freundlich und zuvorkommend verhält, genauso, wie es eigentlich insgesamt erwartet wird. Dies ist übrigens auch ein weiterer Beleg dafür, dass das Wissen um freundliche Verhaltensweise grundsätzlich vorhanden ist. Diese Verhaltensweisen werden aber für bestimmte Situationen und Personen „reserviert" und im Allgemeinen nicht gezeigt.

In vielen Unternehmen ist dies erkannt worden. Man hat versucht, Veränderungen herbeizuführen, indem man die Menschen im Service und Verkauf anwies, die Gäste und Kunden „wie Freunde" zu behandeln. Diese Vorgabe funktioniert aber nur eingeschränkt. Die meisten Gäste und Kunden sind faktisch keine Freunde und werden in der Verkaufssituation nicht als solche wahrgenommen. Zusätzlich ist es subjektiv auch ungewöhnlich, Verhaltensweisen, die bisher für Freunde reserviert waren, allen Menschen gegenüber darzubringen. Hier mangelt es sicher auch an Übung. Wir sind es z. B. alle gewohnt, unsere Freunde und Bekannten anzusehen, sie anzulächeln und etwas Small talk mit ihnen zu betreiben. Bei Fremden ist dies zunächst einfach ungewohnt und muss geübt werden. Hierzu ist ein Verhaltenstraining natürlich sinnvoll, aber im ersten Schritt muss die Bereitschaft zu diesem Verhalten geschaffen werden.

Zunächst einmal müssen wir uns genauer mit dem beschäftigen, was sich in den Köpfen der weniger freundlichen und weniger kundenorientierten Mitarbeiter im Service und Verkauf abspielt. Wir werden dies im nächsten Kapitel genauer erläutern.

4 Ein Ausflug in die Sozialpsychologie

Viele Bereiche des menschlichen Erlebens und Verhaltens sind durch die Mitgliedschaft in sozialen Gruppen bestimmt. Jeder, der schon einmal samstags beim Fußball war, möglicherweise selbst eingefleischter Fußballfan ist, oder auch nur die Sportschau im Fernsehen gesehen hat, kennt diese Situation: Personen, die sich möglicherweise gar nicht persönlich kennen, sind ähnlich angezogen, singen die gleichen Lieder, vor allem verhalten sie sich ähnlich. Sie demonstrieren ihre Zugehörigkeit zu ihrer Mannschaft auch nach außen. Kommt es nach dem Spiel zu Pöbeleien, Streit und im schlimmsten Fall sogar zu Prügeleien und weiteren Ausschreitungen zwischen den Fans, kämpfen Leute gegeneinander, die sich möglicherweise zuvor noch nie gesehen haben. Grund ist nicht persönliche Antipathie, und selten lässt sich ein anderer Anlass identifizieren als eben der, dass hier Mitglieder unterschiedlicher Gruppen aufeinandertreffen. Die Fans verhalten sich nicht mehr als Individuen, sondern sie agieren als Mitglieder der Gruppe, der sie sich zugehörig fühlen.

Ähnliche Beispiele sind uns allen geläufig. Ob beim Spiel gegnerischer Mannschaften im Sport, bei den Ausschreitungen zwischen Polizisten und Demonstranten, bei Verhandlungen zwischen Gewerkschafts- und Arbeitgebervertretern, wir können viel häufiger das zielgerichtete Verhalten von Gruppen als das einzelner Individuen beobachten. Dabei sind wir auch selbst alle Mitglieder unterschiedlicher Gruppen. Wir sind Mitglied einer bestimmten Familie, wir gehören einer bestimmten Berufsgruppe an, wir sind Angehörige einer bestimmten Religionsgemeinschaft, wir gehören zur Gruppe der Männer oder zur Gruppe der Frauen usw. Diese Auflistung ließe sich endlos weiterführen. Wir sind also immer Mitglied unzähliger Gruppen gleichzeitig. In bestimmten Situationen wird uns eine Gruppenmitgliedschaft mehr oder weniger bewusst, und wir werden uns mehr oder weniger im Sinne dieser Gruppenmitgliedschaft verhalten.

Dabei ist nicht die Anzahl der anwesenden Personen entscheidend. Viel wichtiger ist, dass sich die Personen in einer bestimmten Situation als Mitglieder einer bestimmten Gruppe wahrnehmen. So können auch nur zwei Personen sich als Mitglieder unterschiedlicher Gruppen verhalten. Stellen Sie sich doch einmal folgende Situation vor: Sie fahren mit Ihrem Auto durch die Stadt und werden plötzlich von einem Polizeiauto überholt und zum Anhalten aufgefordert. In dieser Situation werden Sie sich kaum dafür interessieren, wer der Polizist ist, der Sie gerade darum bittet, Ihre Papiere zu zeigen. Der Mensch in der grünen Uniform vor Ihnen ist Polizist, nicht mehr und nicht weniger. Er ist Angehöriger einer bestimmten Gruppe. Sie kennen nicht den Polizisten persönlich, aber Sie kennen die Polizei. Sie glauben bereits im Voraus zu wissen, was sich in einer solchen Situation ereignen wird. Vielleicht haben Sie zuvor bereits unangenehme Erfahrungen mit allgemeinen Verkehrskontrollen gemacht, oder Freunde haben Ihnen davon erzählt. Sollte dies der Fall sein, werden Sie wahrscheinlich Ähnliches von dem Polizisten erwarten, dem Sie nun begegnet sind. Sie werden dem Menschen vor Ihnen nicht als Individuum gegenübertreten, sondern als Autofahrer. Umgekehrt wird besagter Polizist sich nicht als Individuum verhalten und freundlich mit Ihnen plaudern, sondern in seiner Rolle als Polizist agieren. Möglicherweise werden Sie nach einer solchen Begegnung einem Freund davon erzählen und dabei auch sagen: „Typisch Polizist ..."

Was hat das alles mit Kundenorientierung zu tun? Die Antwort ist simpel: Wir sind alle (in bestimmten Situationen) auch Mitglied der Gruppe der Kunden. Und der Verkäufer oder die Verkäuferin, die uns dann gegenübertritt, gehört einer anderen Gruppe an, der der Verkäufer. Auch hier werden wir uns entsprechend unserer Gruppenmitgliedschaft verhalten. Halten wir also fest:

> Bei der Interaktion zwischen einem Verkäufer und einem Kunden handelt es sich um eine Interaktion zwischen Mitgliedern unterschiedlicher Gruppen.

Dass die Rollen dabei wechseln können, schließlich sind wir alle einmal Kunden, ist nicht entscheidend. Wichtig ist nur, welche Gruppenmitgliedschft in einer konkreten Situation für uns relevant ist. So sind wir wahrscheinlich auch alle abwechselnd Autofahrer und Fußgänger und ärgern uns manchmal als Autofahrer über unbedachte Fußgänger oder beim Sonntagsspaziergang als Fußgänger über die unüberlegte Fahrweise so mancher Autofahrer.

Das Verhalten zwischen Gruppen ist anders als das Verhalten zwischen Individuen, denn es ist mehr durch Abgrenzungen zwischen den Gruppen, durch gegenseitige Stereotypisierungen und durch Depersonalisierung gekennzeichnet. Kommen wir zurück zu unserem Beispiel vom Fußball: Die Fans der gegnerischen Mannschaften, die sich nach dem eigentlichen Spiel ihren eigenen Kampf liefern, und dies mehr oder weniger sportlich, nehmen ihr Gegenüber nicht mehr als Individuum wahr, sondern als typischen Vertreter der jeweils anderen Gruppe. Dass es sich dabei um einen netten Menschen handelt, mit dem man sich unter anderen Umständen sogar gut verstehen könnte, spielt nun keine Rolle mehr. Dass er „zu den anderen" gehört, ist scheinbar völlig ausreichend.

Wie kommt es aber, dass sich Personen in bestimmten Situationen nicht mehr als Individuen, sondern als Mitglieder unterschiedlicher Gruppen wahrnehmen? Wie kommt es, dass wir uns anderen Personen gegenüber nicht mehr als

Individuen, sondern als Mitglieder einer bestimmten Gruppe verhalten? Warum unterscheidet sich das Verhalten zwischen Gruppen so sehr von dem zwischen Individuen? Diesen Fragen wird in der sozialpsychologischen Forschung zum Verhalten von Gruppen nachgegangen. Die sozialpsychologischen Theorien des sozialen Vergleichs und der sozialen Identität liefern in diesem Rahmen Erklärungsansätze. Bevor wir darauf eingehen, welche Relevanz diese Erklärungsansätze auch für die Verkaufssituation in Deutschland, für die Interaktion zwischen Kunden und Verkäufern und damit für die mangelnde Kundenorientierung hierzulande haben können, möchten wir im Folgenden beide Theorien kurz darstellen.

4.1 Die Theorie des sozialen Vergleichs und die Theorie der sozialen Identität

Bereits im Jahr 1954 entwickelte der Psychologe LEON FESTINGER die Theorie sozialer Vergleichsprozesse. Dieser Theorie liegt die Annahme zugrunde, dass Menschen das Bedürfnis haben, eigene Meinungen und Fähigkeiten zu bewerten. Nur so erlangen sie Gewißheit, dass ihre Meinungen und Einschätzungen korrekt sind und damit auch eine gewisse Sicherheit, besonders in ambiguen, unsicheren Situationen adäquat reagieren zu können.

Im einfachsten Fall können Personen ihre Einschätzungen und Fähigkeiten an der physikalischen Realität überprüfen. Geht es z. B. um die Einschätzung der Geschwindigkeit beim Autofahren, kann der Fahrer durch einen einfachen Blick auf den Tacho feststellen, ob seine Einschätzung korrekt ist. Sportliche Fähigkeiten wie Hoch- und Weitsprung können durch Ausprobieren und anschließender physikalischer Abmessungen genau bestimmt werden, und selbst für die Beurteilung mathematischer oder ähnlicher Fähigkeiten stehen relativ objektive Vergleichskriterien zur Verfügung.

Viele Meinungen und Fähigkeiten oder Einschätzungen können aber an der physikalischen Realität nicht überprüft werden. So sind z. B. Fragen nach der Wahl der richtigen politischen Partei, des angemessenen Verhaltens bei offiziellen Anlässen, der korrekten Kleidung im Beruf, der Einschätzung der eigenen Beliebtheit etc. nicht physikalisch überprüfbar. Hier stehen keine objektiven Standards zur Verfügung, mit denen eigene Meinungen und Fähigkeiten verglichen und bewertet werden können. Der Vergleich muss in diesen Fällen an der sozialen Realität erfolgen, das heißt über einen Vergleich mit anderen Personen.

Dass Vergleiche und damit Überprüfungen der eigenen Meinungen und Fähigkeiten sowohl an der physikalischen wie auch an der sozialen Realität für Menschen wichtig sind und Tag für Tag erfolgen, kann jeder leicht nachvollziehen, der Kinder im schulpflichtigen Alter hat oder sich an seine eigene Schulzeit erinnert. Die Noten, die man für eigene Leistungen in der Schule erhielt, dienten auch der Selbsteinschätzung und Beurteilung der eigenen Fähigkeiten. Aber nicht nur die Noten waren relevant. Der Vergleich zwischen den Klassenkameraden war ebenso bedeutsam. So war eine schlechte Note nur halb so schlimm, wenn der beste Freund auch nicht besser oder sogar schlechter abgeschnitten hatte, denn in einer Situation, in der eine Person ihre Fähigkeiten oder Meinungen überprüfen muss, wird sie Vergleiche mit ihr nahe stehenden oder ähnlichen Personen suchen. So ist für ein Schulkind der Vergleich der eigenen mathematischen Fähigkeiten mit denen seiner Klassenkameraden sicherlich relevanter als der Vergleich mit den Fähigkeiten des Mathematiklehrers. Wir vergleichen uns also in Situationen, in denen uns keine objektiven physikalischen Maßstäbe zur Verfügung stehen, immer mit Personen, die uns in bestimmten Dingen ähnlich sind und die uns attraktiv erscheinen. Finden wir Übereinstimmungen mit diesen Personen, so vermittelt uns das ein Gefühl der Korrektheit der eigenen Meinungen, der Angemessenheit der eigenen Fähigkeiten, ein Gefühl der Sicherheit und auch eine positive Einschätzung der eigenen Person.

Damit spielen Gruppen eine herausragende Rolle für die Selbsteinschätzung der eigenen Person. Wenn wir Mitglied einer bestimmten Gruppe sind, werden wir uns mit anderen Mitgliedern dieser Gruppe vergleichen, da diese uns in bestimmten Dingen ähnlich sind. Ein banales Beispiel: Um zu beurteilen, ob wir auf einem Empfang bei der englischen Königin korrekt gekleidet sind, werden wir unsere Kleidung nicht mit der der Monarchin, sondern mit der der anderen geladenen Gästen vergleichen. Wir sind also selbst in Jeans angemessen angezogen, wenn die anderen Gäste ebenfalls Jeans tragen und nur die Queen festlich gekleidet ist. Wissen wir im Voraus, dass alle geladenen Gäste in Jeans erscheinen werden, so werden auch wir mit großer Wahrscheinlichkeit Jeans tragen. Wir werden uns dann sicher fühlen, weil wir so handeln wie die Gruppe, der wir als geladene Gäste bei einem Empfang im englischen Königshaus angehören.

Zusammenfassend lässt sich festhalten, dass wir uns also ständig mit anderen Personen vergleichen, um die Korrektheit unseres eigenen Verhaltens, unserer Meinungen und Fähigkeiten beurteilen zu können. Für diesen Vergleich werden wir aber nur Personen heranziehen, die uns ähnlich sind oder attraktiv erscheinen, d. h. Mitglieder der Gruppe sind, der wir uns aktuell zugehörig fühlen. Hier können wir sicher sein, dass wir uns mit Personen vergleichen, die uns in bestimmten aktuell relevanten Dingen ähnlich sind. Der Vergleich mit uns ähnlichen Personen wird für uns selbst niemals dramatisch negativ ausfallen. Damit wächst aber auch der Uniformitätsdruck innerhalb der Gruppe. Gruppenkonformes Verhalten wird also um so wahrscheinlicher, je ähnlicher die Mitglieder einer Gruppe sich wahrnehmen und je wichtiger der soziale Vergleich für sie ist. Die Übereinstimmung mit anderen Personen vermittelt hier ein Gefühl der Korrektheit der eigenen Einstellungen, Meinungen und Fähigkeiten und dient zur Aufrechterhaltung des Selbstwertgefühls („Wenn so viele andere – für mich wichtige – Personen meine Meinung teilen, kann ich nicht falsch liegen").

Unter Rückgriff auf die Theorie sozialer Vergleiche, geht HENRI TAJFEL in der von ihm formulierten Theorie der sozialen Identität davon aus, dass derartige soziale Vergleiche nicht nur zwischen Personen, sondern auch zwischen Gruppen erfolgen. TAJFEL unterscheidet dabei zwischen zwei Extremen des Verhaltens: das Verhalten zwischen Personen und das Verhalten zwischen Gruppen. Beide Extreme sind Pole eines Kontinuums und kommen in reiner, extremer Form selten oder nie vor. Wir verhalten uns nie nur als Individuen, wir sind immer auch gleichzeitig Mitglieder unterschiedlichster Gruppen und umgekehrt. Aber je nach Situation überwiegt die Bedeutung der Gruppenmitgliedschaft oder die Bedeutung der Einzigartigkeit der Person. Die extremste Form des Verhaltens als Mitglied einer Gruppe mag vorliegen, wenn ein Pilot in einer Kriegssituation eine Bombe auf feindliches Gebiet niederlässt. Hier verhält er sich nicht primär als Individuum, das andere Individuen möglicherweise tötet, sondern als Mitglied einer Gruppe. Der Bombenabwurf richtet sich nicht gegen konkrete Personen, sondern gegen eine Gruppe an sich, die des Feindes. Als extremste Form individuellen Verhaltens ist das Verhalten zwischen einem Liebespaar vorstellbar. Unterschiedliche Gruppenmitgliedschaften spielen hier kaum eine Rolle. Trotzdem ist (zumindest bei einem heterosexuellen Liebespaar) auch hier in der intimsten vorstellbaren Situation die Zugehörigkeit zur Gruppe der Männern bzw. zur Gruppe der Frauen von gewisser Relevanz. Analog wird ein Bomberpilot nie als Roboter handeln können, sondern immer auch ein einzigartiges, unverwechselbares Individuum bleiben. Wir verhalten uns also in unterschiedlichen Situationen primär (nie aber völlig) entweder als Mitglieder unterschiedlicher Gruppen oder als Individuen.

Tajfel konnte in experimentellen Untersuchungen im Rahmen der von ihm entwickelten Theorie der sozialen Identität zeigen, dass die bloße Wahrnehmung von sich und anderen als Mitglieder unterschiedlicher Gruppen ausreicht, um diskriminierendes Verhalten gegenüber den Mitgliedern der anderen Gruppe hervorzurufen. Handeln wir also primär als Mitglieder unterschiedlicher Gruppen, werden wir unsere eigene Gruppe bevorzugen und Mitglieder der anderen Gruppe benachteiligen. Dies ist der Fall, sobald wir uns in einer Situation befinden, in der uns die Mitgliedschaft zu einer bestimmten Gruppe relevant erscheint. Als Grund hiefür nimmt Tajfel an, dass Personen ein grundlegendes Bedürfnis nach positiver sozialer Distinktheit haben, das heißt nach einer positiven Bewertung der eigenen Gruppe, in der sie Mitglied sind. Da *positiv* aber nur eine Bedeutung gewinnt, wenn es auch ein *nicht so positiv* oder *negativ* gibt, sind Personen also bestrebt, im sozialen Vergleich besser abzuschneiden als „die anderen". Vereinfacht gesagt fällt damit der Vergleich für unsere eigene Gruppe dann positiv aus, wenn wir dafür sorgen, dass die andere Gruppe negativ abschneidet, indem wir also Mitglieder der anderen Gruppe diskriminieren und abwerten. Schneidet unsere Gruppe im Vergleich zu der anderen Gruppe positiv ab, so schneiden auch wir positiv ab, denn wir sind Mitglied dieser Gruppe. Schneidet unsere Gruppe dagegen negativ ab, so schneiden auch wir negativ ab.

Wir sind also stets darum bemüht, unsere Gruppe im Vergleich zur anderen Gruppe positiv darzustellen. Wir können dies erreichen, indem wir in die andere positiv bewertete Gruppe überwechseln oder – wenn dies nicht möglich ist – die andere Gruppe und damit ihre Mitglieder abwerten.

Lassen Sie uns also festhalten: Sobald wir uns in einer Situation befinden, in der wir uns nicht primär als Individuum, sondern als Mitglied einer bestimmten Gruppe wahrnehmen und dabei keine Möglichkeit besteht, in die andere Gruppe überzuwechseln, werden wir bestrebt sein, unsere Gruppe positiv darzustellen. Damit gewinnen wir auch ein positives Bild von uns selbst, da wir Mitglied dieser positiv bewerteten Gruppe sind. Selbst wenn unsere Gruppe (objektiv gesehen) negativ im Vergleich abschneidet, weil sie im Vergleich den niedrigeren Status hat, werden wir darum bemüht sein (wenn wir keine Möglichkeit sehen, die Gruppe zu verlassen), sie auf anderen Dimensionen positiv bewerten zu können. So können wir uns als eingefleischte Fans einer Fußballmannschaft nach einem verlorenen Spiel trotzdem überlegen fühlen, weil unsere Mannschaft im Gegensatz zum gegnerischen Verein möglicherweise besonders „fair" gespielt hat. Die relevante Vergleichsdimension wäre in diesem Fall nicht mehr „Gewinnen oder Verlieren", sondern „Fair-Play".

Die Theorien des sozialen Vergleichs und der sozialen Identität enthalten weit mehr theoretische Annahmen und Implikationen, als wir hier in der Kürze dargestellt haben. Wir möchten die Darstellung aber an dieser Stelle beenden, da dass bisher Gesagte ausreicht, um das Phänomen der (mangelnden) Kundenorientierung hierzulande zu erklären. Diese Erklärung wollen wir im Folgenden genauer ausführen.

4.2 Das Bedürfnis besser dazustehen als die anderen

Bringen wir die sozialpsychologischen Theorien für den in diesem Buch relevanten Aspekt auf den Punkt, lässt sich Folgendes festhalten: Wir handeln als Personen immer mehr oder weniger als Mitglieder unterschiedlicher Gruppen. Fühlen wir uns in bestimmten Situationen vorrangig als Mitglied einer bestimmten Gruppe, werden wir danach streben, dass unsere Gruppe im Vergleich zu anderen relevanten Vergleichsgruppen positiv abschneidet. Dieses positive Abschneiden trägt wesentlich zu einer positiven Bewertung unserer eigenen Person bei, denn wir können uns dann positiv bewerten, wenn wir auch die Gruppe, der wir angehören, positiv bewerten können. In diesem Moment besitzen wir eine *positive soziale Identität*. Dieses Trachten des Menschen nach einer positiven sozialen Identität impliziert damit das Bedürfnis „besser dazustehen als die anderen".

Wenden wir uns nun der Frage zu, warum dieses Bedürfnis nach einer positiven sozialen Identität u. a. auch relevant zur Erklärung der mangelnden Kundenorientierung hierzulande ist.

Der Leser mag sich dazu die Situation vergegenwärtigen, wenn er als Kunde ein Geschäft betritt. Wir schreiben hier bewusst „als Kunde", denn zu welchem anderen Zweck wird ein Geschäft normalerweise betreten als dem, dort etwas zu kaufen bzw. eine Dienstleistung in Anspruch zu nehmen? Unsere Rolle und unsere Gruppenzugehörigkeit ist in diesem Moment klar definiert: Wir sind Angehörige der Gruppe der Kunden. Die relevante Vergleichsgruppe kann in diesem Moment nur die der Verkäufer sein. Es spielt also zunächst nur eine sekundäre Rolle, ob wir männlich oder weiblich sind, welcher Berufsgruppe wir angehören, welche politische Partei wir unterstützen usw. Entscheidend ist vor allem, dass wir als Mitglied der Gruppe der Kunden einem Mitglied der Gruppe der Verkäufer gegenübertreten.

Eine Kunden-Verkäufer-Interaktion kann also vereinfacht als Situation zwischen Mitgliedern zweier Gruppen beschrieben werden.

Gerade in Deutschland ist die Zugehörigkeit zur Gruppe der Kunden bzw. zur Gruppe der Verkäufer von einiger Relevanz – handelt es sich doch in den Köpfen vieler hierbei um die Interaktion zwischen „König" und „Dienervolk". In der Interaktion zwischen Gruppen aber, in der einer Gruppe (der Kunde als Mitglied der Gruppe der Kunden schlechthin), ob sie will oder nicht, die klar überlegene positive Rolle (nämlich die des Königs) zugeschrieben wird, sind in Anlehnung an die oben dargestellten sozialpsychologischen Theorien Konflikte zwischen den Gruppen geradezu vorprogrammiert, da die andere Gruppe (der Verkäufer als Mitglied der Gruppe der Verkäufer) damit automatisch im Vergleich negativ abschneidet. Konkret heißt das, dass hierzulande der Kunde als Gruppe eine positive soziale Identität hat. Die soziale Identität des Verkäufers aber ist im selben Moment weniger positiv. Die Mitgliedschaft in der Gruppe der Verkäufer impliziert somit im Vergleich zur Gruppe der Kunden eine negative soziale Identität. Folgt man aber den Theorien des sozialen Vergleichs und der sozialen Identität, haben Personen ein Bedürfnis nach einer positiven sozialen Identität, um sich selbst positiv bewerten zu können. Ein Verkäufer ist aber damit konfrontiert, dass seine Gruppe im Vergleich mit der Gruppe des Kunden automatisch schlechter abschneiden muss, schießlich ist der Kunde ja König. Damit schneidet auch der Verkäufer als Person negativ ab, als Mitglied einer negativ bewerteten Gruppe.

Wie kann ein Verkäufer mit dieser Situation umgehen? Sicherlich kann er nicht ohne weiteres die Gruppe der Verkäufer verlassen – er müsste dazu seinen Beruf wechseln. Den Kunden als solchen zu ignorieren (wer kennt als Kunde nicht die Situation, dass er manchmal einfach gar nicht oder allenfalls nach Aufforderung bedient wird) bringt nur kurzzeitige Erleichterung, denn der nächste Kunde kommt bestimmt. Um ein positives Bild von sich selbst aufrechtzuerhalten, ist der Verkäufer damit geradezu gezwungen, die Mitglieder der relevanten Vergleichsgruppe, also die Kunden negativ zu bewerten und sie in der Interaktion abzuwerten. Hier sehen wir die Hauptursache der Unfreundlichkeit und Unlust gegenüber dem Kunden, d. h. die Wurzel mangelnder Kundenorientierung in Deutschland. In Deutschland kennt man seit jeher den Leitsatz: „Der Kunde ist König". Dem Verkäufer wird damit aber ungeachtet seiner Person in der Interaktion mit dem König Kunde eine untergeordnete, und damit häufig auch negative Rolle zugeschrieben. Zusätzlich ist die „Gruppe der Verkäufer" auch eine, die in Deutschland an sich nicht besonders hoch bewertet wird. Verkäuferin oder Verkäufer ist in der Regel kein Traumberuf, mit dem ein gewisses Ansehen in der Gesellschaft verbunden wäre. Vielmehr ist es eine häufige Formulierung, dass jemand „nur Verkäufer" ist (wir werden die Rolle des Verkäufers in Deutschland in Kapitel 5.6 noch genauer beschreiben). Diese Tatsache verschärft natürlich den vorprogrammierten Konflikt zwischen Verkäufer und König Kunde, der seine Rolle unabhängig von seiner Person erhält und sich mit Sicherheit nicht immer königlich verhält. Durch diese festgelegte Rollenzuschreibung aber ist individuelles Verhalten des Verkäufers gegenüber dem Kunden und auch umgekehrt kaum mehr möglich.

An dieser Stelle wird auch deutlich, warum es vielfach so angenehm und schön ist, vom Chef bedient zu werden und warum der Chef häufig viel weniger Schwierigkeiten hat, sich kundenorientiert zu verhalten (Chef ist hier ein Synonym für höhere Führungskräfte, Leiter, Inhaber etc.). Der Chef begegnet dem Kunden nämlich in einer völlig anderen Rolle als der Verkäufer. Der Chef ist nicht Mitglied der wenig positiven Gruppe der Verkäufer, sondern er ist eben der Chef und damit, wenn in der Verkaufsinteraktion eine Gruppenzugehörigkeit relevant wird, Angehöriger der Gruppe der Unternehmer oder leitender Angestellter. Diese Gruppe schneidet im Vergleich mit der Gruppe der Kunden viel besser ab als die Gruppe der Verkäufer und wird vielleicht im Vergleich sogar positiver bewertet als die Gruppe der Kunden. So kommt kein Konflikt zustande, der Servicevorgang wird kein Unterwerfungsvorgang und Freundlichkeit und Kundenorientierung können erheblich leichter ausgelebt werden.

Der Leser mag nun einwenden, dass unsere Darstellung der Interaktion zwischen Kunde und Verkäufer bisher recht pauschal ist, und er hat recht damit. Ebenso wenig wie alle Beschäftigten im Service- und Dienstleistungsbereich als dem Kunden gegenüber unfreundlich, distanziert und wenig kundenorientiert beschrieben werden können, handeln weder Verkäufer noch Kunde in reiner Form nur als Gruppenmitglieder. Wie wir bereits oben beschrieben haben, kann es reines Gruppenverhalten, wenn überhaupt, nur in Extremsituationen geben. Sowohl Verkäufer als auch Kunde sind natürlich immer auch individuelle Personen. Uns kommt es als Autoren dieses Buches vielmehr darauf an, eine grundlegende Situation zu beschreiben, in der wir die Hauptursache für die mangelnde Kundenorientierung in Deutschland sehen, nämlich die, dass Mitarbeiter im Service- und Dienstleistungsbereich sich eben nicht vorrangig als Individuen, sondern vielmehr als Mitglieder einer Gruppe wahrnehmen, einer Gruppe, die im sozialen Vergleich negativ abschneidet. Dass dies so ist, liegt zum großen Teil daran, dass der Mythos vom König Kunde in Deutschland immer noch eine herausragende Rolle spielt. Gegenüber einem König kann der Vergleich für einen selbst, für die eigene Gruppe nur negativ ausfallen. Personen streben aber wie dargestellt im sozialen Vergleich nach einer positiven sozialen Identität. Der Verkäufer will also „als Verkäufer" zumindest nicht schlechter dastehen als der Kunde. Dies ist nur allzu verständlich. Kundenunlust rückt damit in ein neues Licht, als Bestreben positive soziale Identität zu erlangen, als Abwertung des Kunden.

Der mögliche Einwand, es gäbe doch aber auch freundliche Verkäufer, die den Kunden nicht abwerten und sich in der Interaktion mit dem Kunden anscheinend wohl fühlen, ist hier auf den ersten Blick berechtigt. Bein genaueren Hinsehen wird man aber feststellen, dass der kundenorientierte, freundliche Verkäufer oder Mitarbeiter im Service im Umgang mit dem Kunden eine grundsätzlich andere Strategie anwendet als seine weniger freundlichen Kollegen. Kundenorientierte, freundliche Verkäufer nehmen ihre Kunden nämlich viel stärker als Individuuen denn als anonyme Gruppe wahr. Diese Verkäufer bemühen sich sehr viel stärker darum, ein „persönliches Verhältnis" zum Kunden aufzubauen, also zum Beispiel seinen Namen zu erfahren, seine besonderen Vorlieben kennenzulernen, evtl. sogar Lebensumstände oder Hobbies. Gleichzeitig geben diese Verkäufer im Gespräch auch Informationen über sich selbst. Auf diese Weise wandelt sich die Begegnung zweier Gruppen in die Begegnung zweier Individuen, bei denen die Gruppenmitgliedschaft Verkäufer-Kunde, wie oben ausgeführt, in der Begegnung nicht mehr relevant ist.

Wir haben im vorangehenden Kapitel bereits festgestellt, dass mangelnde Kundenorientierung im Sinne von unfreundlichem Verhalten gegenüber dem Kunden nicht auf ein Defizit im Wissen oder Verhaltensrepertoire des Verkäufers zurückgeführt werden kann. Vielmehr beruht das Verhalten des Verkäufers auf Bewertungen und Einschätzungen der Situation, die in der Regel automatisiert und wenig bewusst ablaufen. Wir haben gefragt, welche Bewertungen und Einschätzungen zu einem kundenunfreundlichem Verhalten führen. An dieser Stelle können wir die Frage als Fazit des bisher Gesagten folgendermaßen beantworten: Der Verkäufer bewertet die Interaktion mit dem Kunden im Sinne der unterschiedlichen Gruppenmitgliedschaften und damit als Situation, in der er im Vergleich zum Kunden eine negative soziale Identität hat. Das daraus resultierende wenig freundliche und distanzierte Verhalten gegenüber dem Kunden kann als Strategie verstanden werden, in der Interaktion als Verkäufer besser oder genauso gut dazustehen wie der Kunde, als Bedürfnis nach positiv bewerteter sozialer Identität.

5 Warum ist es woanders anders?

Wir haben im vorangegangenen Kapitel unsere Überlegungen zur Rolle der sozialen Identität dargestellt und aufgezeigt, wie sich dies in Verkaufssituationen in Deutschland auswirkt. Es stellt sich jetzt möglicherweise die Frage: Warum ist es denn in anderen Ländern anders? Dieser Frage möchten wir nachgehen, indem wir einen Ausflug in zwei Länder unternehmen, die uns häufig als leuchtende Servicebeispiele präsentiert werden, die USA und Japan, wobei in der Regel hauptsächlich auf das Verhalten der amerikanischen und japanischen Mitarbeiter abgehoben wird. Wir möchten hier aber einen Schritt weiter gehen und darstellen, welche kulturell verwurzelten Einstellungen diesem Verhalten zugrunde liegen und wie diese zu einer anderen Haltung gegenüber dem Kunden führen.

5.1 Serviceparadies USA

Fragt man einen Bundesbürger nach einem USA-Aufenthalt, was ihm dort besonders aufgefallen sei, so ist eine häufige Antwort: „Die Freundlichkeit der Leute im Service und im Verkauf". Da gibt es dann auch viele Beispiele: Der Kellner im Restaurant führt einen bis zum Tisch, stellt sich mit Namen vor, kommt zwischendurch immer wieder vorbei und fragt, ob auch „everything o.k." sei und wünscht dem Gast beim Herausgehen einen schönen Tag. Oder der Verkäufer im Geschäft, der zu einem Kunden hingeht und nicht von ihm weg, der ein bisschen freundlichen Small talk macht, und wenn das Gewünschte im Laden nicht vorhanden ist, einen Kollegen empfiehlt, der vielleicht die Wünsche erfüllen kann. Beim näheren Hinsehen fällt dann auch etwas anderes sehr deutlich auf: In den USA bemühen sich viele Menschen im Service und im Verkauf, ihren Gästen und Kunden rein räumlich nahe zu kommen. Verkäufer, die gerade keine Kunden haben, warten im Eingangsbereich ihres Geschäftes auf neue Kundschaft, und im Restaurant wird der Gast, wie oben erwähnt, bereits an der Tür empfangen. Dies setzt sich fort: Die Baumarktkette Home Depot beschäftigt eigens so genannte „Greeter", Mitarbeiter, die nur dafür da sind, um an der Tür stehend den Kunden willkommen zu heißen.

Bei der Supermarktkette Bylers, die im Großraum Minneapolis vertreten ist, gehen die Kassierer und Kassiererinnen, wenn sie keine Kunden haben, in den Gang vor ihren Kassen und weisen Kunden darauf hin, dass sie frei sind. Die Kassen sind dort so angebracht, dass die Kassiererin frontal zum Kunden steht und ihm nicht wie anderorts die kalte Schulter zeigt. In jedem Supermarkt ist es übrigens üblich, dass die Mitarbeiter an der Kasse nicht nur kassieren, sondern die Ware auch in kostenlose Tüten verpacken. Natürlich werden diese Tüten auch bis zum Auto gebracht, nicht nur dann, wenn der Kunde es direkt fordert, nein, diese Dienstleistung wird dem Kunden einfach entgegengebracht. Der Kunde hört eben nicht an der Kasse auf, Kunde zu sein, und die schöne Sitte des Verpackens vermeidet auch das deutsche Supermarktübel, dass dem nicht ganz so schnellen Kunden die Einkäufe des nächsten quasi ins Kreuz geworfen werden.

Die bei uns immer wieder so heiß diskutierten Öffnungszeiten sind auch kein Thema. Natürlich gibt es Supermärkte, die 24 Stunden geöffnet haben, und interessanterweise gibt es auch genug Menschen, die nachts oder früh am Morgen Lebensmittel kaufen. In Deutschland, und jetzt sei einmal ein wenig Klagen und Beschweren erlaubt, wird die Liberalisierung der Öffnungszeiten vor allem durch die Vertreter der Angestelltenseite erschwert. Es ist sicher richtig und gut, Interessen von Arbeitnehmern zu wahren, es stellt sich aber auch die Frage, warum man nicht einfach einmal neue

Formen der Kundenorientierung und des Kundenservices erproben kann.

Insgesamt erscheint der Umgang mit dem Kunden in den USA näher, unkomplizierter und in der Regel freundlicher und zuvorkommender. Interessanterweise wird dieser Eindruck nicht dadurch gemindert, dass die Supermärkte, Restaurants und andere Geschäfte bzw. Gaststätten sehr viel strikter Regeln aufstellen, an die der Kunde sich zu halten hat, als dies in Deutschland der Fall ist. So findet man in den wärmeren Regionen der USA, z. B. in Kalifornien, häufig ein Schild mit der Aufschrift „No shoes, no shirt, no service" (ohne Schuhe oder ohne Hemd keine Bedienung). Dieser Hinweis, dessen Einhaltung auch nachdrücklich kontrolliert wird, verpflichtet jeden, der einkaufen geht oder essen möchte, sich an eine bestimmte Kleiderordnung zu halten. Ähnliches gilt für ein Schild, dass man noch in einigen kleineren Läden findet: „We reserve our right to refuse service to anybody" (Wir behalten uns das Recht vor, jemandem unseren Service zu verweigern).

Dieser Hinweis würde in Deutschland einen Schrei des Entsetzens auslösen, würde als das Beispiel für Kundenfeindlichkeit herhalten und wahrscheinlich sogar aus irgendeinem Grund verboten werden. In den USA gibt es diese und ähnliche Schilder, und damit auch Regeln und Gesetze, an die sich der Kunde zu halten hat, und doch erleben wir die USA als kundenfreundliches Land und eben als ein Serviceparadies. Hierzulande wird diese Servicefreundlichkeit häufig mit der anderen Arbeitsrechtssituation in den USA erklärt („Wenn die nicht freundlich sind, werden die halt rausgeschmissen") und so mancher frustrierte deutsche Unternehmer blickt neidvoll auf diesen rechtsleeren Raum.

Der Grund für freundliches und kundenorientiertes Verhalten der amerikanischen Servicekräfte ist aber nicht Angst. Der Grund ist, dass in den USA eine andere Beziehung zwischen Kunde und Verkäufer besteht als in Deutschland. In den USA ist der Kunde eben nicht ein dem Verkäufer ungleicher König, man begegnet sich vielmehr auf einer gleichen Ebene, bei der keine identitätsbedrohenden Prozesse wirksam werden. Diese andere Beziehung wurzelt in der Geschichte und der kulturellen Tradition der USA und bedarf deshalb einer etwas ausführlicheren Erklärung.

5.2 Die Wurzeln des Servicedenkens in den USA

Die Servicefreundlichkeit in den USA ist in der Historie der USA angelegt. Die Vereinigten Staaten von Amerika wurden von Menschen gegründet, die in ihrer Heimat aufgrund ihrer Religion, ihrer Herkunft, ihrer ethnischen Zugehörigkeit oder ihres sozialen Standes nur sehr eingeschränkte Zukunftsaussichten besaßen. Die Gründer der USA brachten damit auch eine tiefe Abneigung gegen die Strukturen der alten Welt in ihre neue Nation ein. Strukturen der alten Welt bedeuteten im 18. Jahrhundert noch eine Gesellschaftsform, die stark durch Ungleichheit und unüberwindbare soziale Schranken geprägt war. Der soziale Status des Individuums war im Wesentlichen durch den Status der Eltern vorgegeben. Er wurde sozusagen vererbt, und der Wechsel in eine andere soziale Schicht war schwierig bis unmöglich. Abweichungen in der Religion und im Denken wurden verfolgt und geächtet. So floss in die Gründung der USA Gedankengut ein, dass für damalige Verhältnisse revolutionär war.

Im Kern besagt die Verfassung der USA, dass alle Bürger der USA die gleichen Chancen erhalten. Jeder sollte die Möglichkeit haben, das zu werden, was er wollte. (Natürlich waren auch die Gründer der USA in der Beschränktheit ihrer Zeit gefangen: „Jeder" waren nämlich nur Männer von weißer Hautfarbe.) Als Manifestation dieses Vorhabens enthält die Verfassung der USA Artikel und Gesetze, die uns heute ein wenig merkwürdig vorkommen mögen, aber in der damaligen Zeit den Zweck erfüllten, jedem weißen Mann die gleichen Ausgangschancen zu verschaffen. Der erste Artikel, der besagt, dass alle Menschen frei und gleich geboren seien, findet sich heute als Basisfeststellung in den meisten Verfassungen. Das Recht, Waffen zu besitzen und zu tragen, als in der Verfassung verankertes Recht mutet da schon ein bißchen merkwürdiger an. Dieser Verfassungsartikel leitet sich aber aus den Zuständen in den Ländern her, aus denen die Gründungsväter der USA stammten. In vielen feudalen Ländern Europas war das Recht, Waffen zu besitzen und zu tragen, ein Recht der herrschenden Klasse. Waffen waren ein Symbol für Status und sozialen Rang und natürlich auch ein Mittel der Unterdrückung. Im Sinne der Gleichheit war die Verankerung eines Rechts des Waffenbesitzes für jedermann daher nur sinnvoll. Ähnliches gilt für das per Verfassung festgelegte Verbot, als Bürger der USA Adelstitel zu tragen. Auch heute noch müssen Adelige ihren Titel ablegen, wenn sie die amerikanische Staatsbürgerschaft beantragen. Niemand sollte allein aufgrund eines durch Geburt, also nicht durch seine eigene Leistung erworbenen Titels eine andere soziale Stellung einnehmen können. Diese Gedanken bilden die Grundlage des „american dream", der Vorstellung, dass jeder es durch seine eigene Kraft vom Tellerwäscher zum Millionär bringen kann. Jeder ist seines eigenen Glückes Schmied und jeder hat auch die Möglichkeit, dieses Glück nach seinem Willen zu schmieden.

Sicherlich ist der amerikanische Traum und die Vorstellung, dass jeder alles erreichen kann, nicht ganz so goldig, wie es scheint. Aber sie hat doch dazu geführt, dass der Beruf eines Menschen nicht so stark seinen Status widerspiegelt, wie er es in Deutschland tut. Berufe und Anstellungen werden in den USA erheblich häufiger gewechselt. So ist es durchaus möglich, dass der Lehrer im nächsten Jahr LKW-Fahrer ist und die Gemüseverkäuferin ein Autohaus managt. Zudem ist Karriere von Abschlüssen oder Ausbildungen unabhängiger als in Deutschland. Die Sekretärin kann durchaus Abteilungsleiterin werden und der Verkäufer Gebietsverkaufsleiter. Zwischen dem Millionär, der da als Kunde hereinschneit, und dem Hemdenverkäufer gibt es daher viel weniger Abgrenzung und Distanz, denn schließlich könnte auch der Hemdenverkäufer im nächsten Jahr bereits Millionär sein. Die in Kapitel 4 beschriebenen Mechanismen zur Wahrung der positiven Distinktheit werden in der Begegnung Kunde – Verkäufer nicht wirksam, da die Tätigkeit des Verkäufers an sich keine niedere Tätigkeit ist und zudem der Verkäufer diese auch jederzeit wechseln kann.

Natürlich ist es in den USA nicht für jeden möglich Millionär zu werden und vielleicht war es das auch nie, aber die grundsätzliche Einstellung der Menschen ist so ausgerichtet, und darauf kommt es an. Ganz am Rande sei dabei bemerkt, dass diese Einstellung, dass jeder für sein eigenes Glück verantwortlich sei, auch dazu geführt hat, dass die USA in puncto sozialer Sicherheit immer noch weit hinter anderen Industrienationen zurückstehen. Gesetzliche Krankenversicherung, Kündigungsschutz oder Arbeitslosenversicherung sind nicht vorhanden. Die angestrebte Veränderung dieser Zustände stößt auf großen Widerstand und Unverständnis, da gesetzliche soziale Sicherung eben nicht mit dem „american dream" konform geht. Ein potenzieller Millionär braucht einfach keine Krankenversicherung und arbeitslose Millionäre sind kein besonderes Drama.

Diese Auswirkungen der amerikanischen Vorstellung von Selbstverantwortung sind ganz sicher negativ und auf keinen Fall nachahmenswert. Es geht uns auch hier auf keinen Fall darum, zu sagen, dass wir die Verhältnisse in den USA kopieren sollten.

Halten wir an dieser Stelle vielmehr noch einmal fest: Einer der wesentlichen Gründe, warum in den USA sichtbar so viel mehr Service- und Kundenfreundlichkeit herrscht, ist, dass in der Beziehung zwischen Verkäufern und Kunden kein Gefälle besteht. Die Menschen in Verkauf und Service müssen nicht zu Maßnahmen greifen, um sich in der Verkaufssituation positiv abzugrenzen. Abgrenzung ist nicht notwendig, da die Situation die soziale Identität nicht bedroht. Die Menschen im Verkauf und Service sind sozusagen frei, ihre Rolle als Verkäufer auszuleben. Sie können dies unbeschwert tun und müssen daher zum Beispiel auch, wie oben beschrieben, keine räumliche Distanz zum Kunden aufbauen. Der Kunde ist in der Tat der, der er sein sollte: Ein dem Verkäufer gleichberechtigtes Individuum mit einem bestimmten Bedürfnis oder Wunsch – nicht mehr und nicht weniger.

Hinzu kommt sicher auch, dass der Beruf des Verkäufers oder Händlers in den USA grundsätzlich nicht negativ besetzt ist. Es gehört zur Tradition und Geschichte der USA, dass nicht alle Waren im eigenen Land gefertigt wurden, sondern importiert und somit gehandelt werden mussten. Händler oder Verkäufer von Waren zu sein, ist in den USA ein durchaus angesehener Traditionsberuf, der seinen Inhaber mit Stolz erfüllen kann.

Die Bürger der USA genießen noch einen weiteren Vorteil, der es ihnen ermöglicht, ihre Servicefreundlichkeit zu entfalten. Die oben dargestellte historische Situation hat in den USA auch zu ausgeprägtem Patriotismus geführt, der auch heute im amerikanischen Leben eine große Rolle spielt. Während wir in Deutschland berechtigterweise bei dem Gedanken an Patriotismus eher die möglichen negativen Folgen vor Augen haben, wird dieser in den USA überaus positiv bewertet. In der Schule lernen die Kinder zum Beispiel früh den „Flaggen-Eid": „I pledge alliance to the flag of the United Staates and the republic for which it stands. One nation, under god, indivisible, with liberty and justice for all" (Ich schwöre Treue der Flagge der Vereinigten Staaten und der Republik, für die sie steht. Eine Nation, unter Gott, unteilbar, mit Freiheit und Gerechtigkeit für jeden). Dieser Flaggen-Eid wird in den meisten Schulen der USA täglich gemeinsam, stehend von allen gesprochen. Man mag davon halten, was man will, aber zum einen wird in diesem Eid wieder die Gleichheit eines jeden angelegt und zum anderen unterstützt dieses Ritual die gemeinsame Identität als Amerikaner. Für die Schaffung dieser gemeinsamen Identität gibt es in den USA viele weitere „patriotische" Rituale. Der Effekt ist letztlich, dass die Kategorie „Amerikaner" eine sehr bewusste ist, d. h. auch Verkäufer und Kunde begegnen sich in der gemeinsamen Identität als Amerikaner. Sie sind sich gleich und müssen auch aus diesem Grund keine Abgrenzung manifestieren.

Zusammenfassend lässt sich also festhalten, dass die amerikanische Servicefreundlichkeit, wie dargestellt, ihre Wurzeln in der amerikanischen Historie und den Denkweisen und grundsätzlichen Einstellungen, die aus dieser Historie resultieren, hat. Nun mögen bei einigen Lesern wieder Resignation aufkommen und Gedanken wie: „Ja, ja, hab' ich doch schon immer gedacht, dass die Amerikaner anders sind und deshalb auch besser im Service." Natürlich sind Amerikaner anders, sie haben eine andere Geschichte, eine andere Sprache und eine andere Kultur. Es geht nicht darum, in Deutschland „amerikanische" Verhältnisse einzuführen. Diese haben, wie oben angesprochen, auch ihre deutlich negativen Seiten. Uns geht es vielmehr darum, an einem Beispiel zu belegen, dass eine andere Beziehung zwischen Verkäufer und Kunde möglich ist, wenn sich im Kopf des Verkäufers andere Dinge abspielen, wenn er, wie im vorliegenden Beispiel, den Kunden auf einer Ebene mit sich selbst erlebt. Genau dies ermöglicht nämlich das unbeschränkte Ausleben der Verkäuferrolle. Dass die „amerikanische Denkweise" dabei nicht die einzig mögliche ist, möchten wir an einem zweiten Beispiel, am Beispiel Japans, belegen.

5.3 Serviceparadies Japan

Dem Japanreisenden fällt bei der Betrachtung des Services in Japan ein deutlicher Unterschied zum Service in den USA auf. Die Menschen im Verkauf und Service sind sicher auch freundlich, aber sie sind bei weitem nicht so herzlich und auf Small talk eingestellt, wie ihre Kollegen in den USA. Dies liegt nicht nur an der stärkeren Sprachbarriere. Beobachtet man in Japan die Menschen im Verkauf und Service, so fällt auf, dass sie auch Japaner augenscheinlich höflich und freundlich begrüßen und bedienen, aber die oben angesprochene persönliche Note bleibt in Japan aus. Der Service bzw. die Kundenorientierung in Japan zeichnet sich durch etwas anderes aus, nämlich durch die Bemühung diesen Service so perfekt wie möglich zu gestalten.

Service in Japan bedeutet, dem Kunden möglichst Dinge abzunehmen, oder Unannehmlichkeiten zu ersparen. Ein Beispiel für diese Art von Service sind die sogenannten Convenience Stores. Auf den ersten Blick handelt es sich, ähnlich wie bei den Convenience Stores in den USA, um Minisupermärkte zur Nahrungsversorgung insbesondere zu ungewöhnlichen Uhrzeiten. In Japan bieten diese Stores aber eine Reihe von zusätzlichen Dienstleistungen vom Fotoservice und Fotokopien, über die Annahme von Wäsche bis hin zum Gepäcktransport. Es ist in zahlreichen Convenience Stores möglich, Pakete oder Gepäckstücke zur Versendung innerhalb Japans aufzugeben. Eine Art UPS für jedermann. Im Weiteren sind die Zeiten für die Anfertigung von Brillen oder Anzügen in der Regel deutlich kürzer als bei uns. Lieferzeiten für Produkte werden, wenn überhaupt nötig, im Allgemeinen so kurz wie möglich gehalten.

Dies sind für einen deutschen Verbraucher, der jemals auf die vermessene Idee gekommen ist, im Sommer zum Beispiel eine Küche kaufen zu wollen, paradiesische Zustände. Schildert man einem japanischen Geschäftsmann, dass man in Deutschland bereit sein kann, mehrere tausend eventuell sogar mehrere zehntausend Euro auszugeben, und dann erfahren muss, dass es leider nun zwei Monate dauern wird, da eben gerade Sommerferien seien, so wird dieser japanische Geschäftsmann freundlich mit dem Kopf nicken und dies genauso wenig glauben wie, dass sie auf deutsche Autos in Deutschland durchaus länger warten können, als würden sie das gleiche Fahrzeug in Japan erwerben.

Die Perfektionierung des Services beschränkt sich in Japan aber nicht nur auf Vielfältigkeit der Leistungsangebote und Effizienz, sie treibt auch andere, wenn auch etwas fremde, so doch durchaus kundenorientiert anmutende Blüten. So wird der Kunde z. B. in vielen Bäckereiketten auf Tafeln darüber informiert, wann welche Produkte frisch in den Laden geliefert wurden bzw. werden. Für die entscheidungsunsicheren Kunden haben diese Läden dann eine weitere interessante Idee entwickelt. Die zehn bestverkauften Artikel des Vormonats sind besonders ausgezeichnet und mit Hinweisen versehen. Auf diese Weise kann der unsichere Kunde einfach zum Top-Artikel greifen (so viele andere Menschen können schließlich nicht irren).

Bestimmte Schnellrestaurants gerade in Tokio sind dagegen auf eine elektronische Möglichkeit verfallen, die Bedienung für den Kunden noch schneller zu machen. Der Kunde wählt vor dem Lokal bzw. am Eingang seinen Speisewunsch an einem Automaten, der in einer Speisekarte Namen und Aussehen des Gerichts zeigt, aus. Er bezahlt bereits am Automaten und erhält dafür eine Art Bon. Der Clou dieser Einrichtung ist aber, dass der Automat direkt mit der Küche verschaltet ist. Sobald also der Gast sein Gericht ausgewählt hat, wird mit der Zubereitung begonnen. Das Warten auf die Bedienung, die dann folgende Aufnahme des Wunsches usw. entfallen einfach. Genauso wird das Warten beim Kassieren überflüssig, denn dies ist ja bereits zu Anfang geschehen.

Kurz gesagt, wird Service in Japan als „Lebenserleichterung" für den Konsumenten betrachtet. Es gilt, es dem Gast und Kunden durch unterschiedliche Dienstleistungsangebote so angenehm wie möglich zu machen, schön, wenn dabei wie im letztgenannten Beispiel, der Technik- und Automatenbegeisterung so manchen Japaners entgegengekommen wird.

Der Kunde wird natürlich ansonsten stets mit einem Lächeln begrüßt, höflich nach seinen Wünschen gefragt und genauso höflich verabschiedet. Er hat in der Verkaufssituation eine deutlich hervorgehobene Stellung, dies aber ohne dass der Verkäufer in seiner Position abgewertet würde. Wie und warum dies funktioniert, möchte wir wieder durch einen kleinen Exkurs in die japanische Geschichte und Kultur erklären.

5.4 Die Wurzeln des Servicedenkens in Japan

Die japanische Geschichte ist im Gegensatz zur Geschichte der USA keineswegs von Einwanderung und dem Streben nach Gleichheit geprägt. Ganz im Gegenteil ist die japanische Geschichte eine Geschichte der Isolationspolitik und eines stark reglementierten Klassendenkens. Japan hielt sich als Land bis nach dem Zweiten Weltkrieg im Wesentlichen isoliert von anderen Ländern, stets bemüht, ein hohes Maß an Autarkie zu wahren. Reste dieses Denkens finden sich auch heute noch in Japan, zum Beispiel in dem erfolgreichen Bestreben, die Versorgung mit dem Hauptnahrungsmittel Reis zu 100 Prozent aus eigenem Anbau zu sichern.

Für das ausgeprägte Servicedenken im Sinne der obigen Beschreibung ist aber der religiöse und philosophische Einfluss des Buddhismus, Taoimus und Shintoismus wichtig. Dies ist nicht so zu verstehen, dass in Japan die Menschen im Verkauf und Service jederzeit buddhistische Weisheiten vor sich hinmurmeln und dann von diesen Weisheiten glücklich beseelt Kundenwünsche erfüllen. Vielmehr haben, ähnlich wie bei uns mit den bestimmenden abendländischen Philosophien, bestimmte Grundgedanken und Grundhaltungen Einzug in das alltägliche Denken und Handeln der Menschen gehalten, und dies ermöglicht eine andere Beziehung zwischen Verkäufern und Kunden bzw. zwischen Dienstleistern und Empfängern von Dienstleistungen.

Die asiatischen Philosophien sind stark ordnend. Jedes Ding, jede Sache, jedes Tier, jeder Mensch hat seinen vorbestimmten Platz und einen eigenen Sinn. Das Ganze bildet eine Einheit, in der jedes Teil gleich wichtig oder gleich unwichtig ist. So mögen die Menschen zwar unterschiedliche Berufe, unterschiedliche soziale Stellungen und ähnliches haben, im Ganzen genommen ist aber keiner wichtiger als der andere. Sie haben lediglich unterschiedliche Plätze eingenommen, auf denen es nun gilt, unterschiedliche Aufgaben zu erfüllen. Die uns so vertraute Einstufung der Wichtigkeit dieser Plätze und Positionen entfällt hier. Dieses Prinzip spiegelt sich zum Beispiel in der taoistischen Vorstellung des Yin und Yang wieder. Yin und Yang symbolisieren Unterschiede oder Gegensätze, die sich gegenseitig ergänzen und ihren Sinn nur durch ihr Gegenüber erhalten. Übertragen bedeutet dies, dass es Verkäufer nur geben kann, weil es auch Käufer (Kunden) gibt, und genauso, dass es Käufer (Kunden) nur geben kann, weil es Verkäufer gibt. Beide brauchen den anderen, um ihre Identität zu definieren und erst in der Gemeinsamkeit können beide existieren. Allein auf dieser Basis kommen Abgrenzungen im Sinne der in Kapitel 4 beschriebenen Theorie der sozialen Identität nicht vor.

Die oben angesprochenen Philosophien haben aber noch weitere Auswirkungen. Die starke Betonung des Ganzen und die Wichtigkeit dieses Ganzen führt auch zu einer geringeren Rolle des Individuums. Während bei uns Individualismus, Verwirklichung des Einzelnen, Wahrung der Rechte des Einzelnen usw. wichtig sind, liegt in Japan und in vielen anderen asiatischen Ländern ein viel stärkeres Gewicht auf der Gruppe. Das Individuum ist im Vergleich zur Gruppe, also zum Beispiel zur Familie oder zum Staat, bedeutungslos. Die Gruppe und die Gemeinschaft sind die eigentlichen Dinge, die zählen. Insofern lernen Japaner zum Beispiel, ihre eigene Individualität nicht ganz so wichtig zu nehmen und ihre Aufmerksamkeit vielmehr auf ihren Platz im Kollektiv zu richten. Die von uns häufig bewunderte und erstaunt beobachtete Verbundenheit japanischer Mitarbeiter mit ihren Unternehmen erklärt sich so. Wie allgemein in eher kollektivistisch orientierten Kulturen steht im Mittelpunkt sozialen und wirtschaftlichen Wettstreits, den es natürlich auch hier gibt, eben nicht das Individuum und seine Zugehörigkeit zu einer bestimmten Gruppe, sondern die Gruppe an sich. Das soziale Reglement verbietet es geradezu, Abgrenzungen oder Abwertungen in persönlichen Interaktionen vorzunehmen. Soziale Vergleichsprozesse mögen auf einer persönlichen Ebene stattfinden, sozialer Wettstreit aber kommt in der direkten Interaktion zwischen Personen nicht vor. Das Individuum würde sich nämlich damit eine viel zu bedeutende und geradezu anmaßende Rolle zuweisen, als ihm auf Basis der allgemeinen in der japanischen Gesellschaft vertretenen Überzeugung zukommt.

Diese uns vielleicht etwas fremde Grundhaltung hat im alltäglichen Leben interessante Auswirkungen. Touristen, die das erste Mal nach Japan reisen, scheitern in der Regel bei ihrem durchaus freundlich gemeinten Versuch, irgendwo auch einmal Trinkgeld zu geben. Sie werden erleben, dass zum Beispiel der Taxifahrer dieses Trinkgeld geradezu entrüstet und unter dem Hinweis, er sei doch kein Penner, zurückweist. Der Taxifahrer empfindet seine Tätigkeit als würdevoll und wird seiner Überzeugung nach bereits ausreichend und fair durch den Fahrpreis bezahlt. Die Gabe des Trinkgeldes kann er daher nur als Herabsetzung seiner

Person und Tätigkeit und als Anmaßung der Fahrgäste empfinden. Ein solches Verhalten ist in Japan, in einem Land, in dem es keine Bettler gibt, nicht etwa weil es keine Armut gibt, sondern weil das Empfangen von Almosen nicht nur als persönliche Entwürdigung, sondern auch als unverdiente Unterstützung empfunden wird, geradezu unerhört. Durch die Gabe des Trinkgeldes würde sich der Gebende über den Empfangenden stellen. So etwas ist im sozialen Reglement Japans nicht akzeptabel.

Im Kern ist jeder bestrebt, die Tätigkeit, die ihm zugefallen ist, bestmöglich auszuführen. Ein Verkäufer wird in der Begegnung mit seinem Kunden größten Wert darauf legen, dass der Kunde mit dem, was geschieht, zufrieden ist. Daraus, und nicht aus irgendeiner Form der Abgrenzung, bezieht der Verkäufer seine Würde. Zusätzlich könnte der Verkäufer mit einem unfreundlichen oder „schlechten" Verhalten dem Ansehen und Erfolg seiner Firma schaden. Dies wäre in einer Gesellschaft, in der das Kollektiv die oben beschriebene Stellung einnimmt, eine große Schande für den Betroffenen. Die Mitarbeiter fühlen sich dem Unternehmen stark verbunden. Die Ehre des Unternehmens wird zur persönlichen Ehre. Diese Haltung wird von den japanischen Unternehmen aber auch stark gefördert. Die Unternehmen sorgen durch unterschiedliche Maßnahmen dafür, dass sich die Mitarbeiter in dieser Form zugehörig fühlen. So ist auch heute noch der ausgesprochene Wunsch japanischer Unternehmen in Japan, ihre Mitarbeiter lebenslang zu beschäftigen. Nur gravierende wirtschaftliche Schwierigkeiten können ein Unternehmen von dieser Politik abhalten.

Die japanischen Unternehmen sind auch in der Regel deutlich daran interessiert, dass ihre Mitarbeiter die Entwicklung ihres Unternehmens kennen. Bei einem Besuch in Tokio fragten wir einmal eine Mitarbeiterin eines großen Bäckereiunternehmens nach bestimmten Entwicklungsdaten des Unternehmens. Zu unserem großen Erstaunen zog die Gefragte einen Taschenkalender hervor, der alle wesentlichen Statistiken des Unternehmens für das vergangene Geschäftsjahr enthielt. Auf Nachfrage erklärte sie uns, dass alle Mitarbeiter jedes Jahr einen solchen Kalender erhielten, damit sie selbst über das Unternehmen informiert seien, aber vor allem auch, um bei Fragen Auskunft geben zu können. Dieses Beispiel zeigt eben, dass Verbundenheit eine gegenseitige Sache ist. Das Unternehmen bringt dem Mitarbeiter durch zahlreich kleine Maßnahmen seine Verbundenheit zum Ausdruck. Es würdigt den Mitarbeiter als wichtigen Teil des Ganzen und dadurch ist der Mitarbeiter auch in der Lage, als verantwortungsbewusster Teil des Ganzen, dem Kunden gegenüberzutreten. Der Mitarbeiter hat bewusst oder unbewusst erkannt, dass der Kunde in ihm kein Individuum sieht, sondern einen Repräsentanten des Unternehmens. Würde er sich nun unfreundlich verhalten, könnte das Unternehmen dadurch Schaden nehmen.

Das, was wir in Deutschland als *kaizen* (ständige Verbesserung) oder als Qualitätszirkel kennengelernt haben, wurzelt natürlich genauso in dieser Haltung. Der Einzelne ist nicht nur bestrebt, das Gesamte zu erhalten, sondern auch, es zu verbessern und zu optimieren.

Die oben beschriebene Grundhaltung und dieses Streben nach ständiger Verbesserung ermöglichen im Verkauf und im Service auch eine ganz andere Form des Trainings, die uns zunächst ungewöhnlich, überflüssig oder sogar herabsetzend erscheinen mögen, von den japanischen Verkäufern und Angestellten im Dienstleistungsbereich aber keineswegs so empfunden werden. Wir haben vor einiger Zeit einmal eine deutsche Unternehmergruppe auf einer Japanreise begleitet. Im Rahmen dieser Reise gab es natürlich auch Treffen mit japanischen Unternehmern und „Langnasen fragen – Unternehmer antworten"-Gesprächsrunden. In einem dieser Gespräche wurde ein japanischer Unternehmer, der eine landesweite Kette von Bäckereifilialen unterhält, gefragt, ob er auch Schulungen für seine Mitarbeiter im Verkauf durchführen würde. Die Antwort war höflich, aber eher kurz: „Hai – ja, er würde dies tun." Die nachfolgende Frage war dann, wie häufig denn diese Schulungen durchgeführt würden. Diese Frage ins Japanische zu übersetzen, bereitete anscheinend einige Schwierigkeiten. Dolmetscherin und Unternehmer unterhielten sich über diese doch so simple Frage eine ganze Weile hin und her, bis der Unternehmer schließlich etwas erstaunt zur Antwort gab: „Natürlich täglich." Dies wiederum löste bei der deutschen Gruppe größtes Erstaunen aus: „Wie täglich? Was das kostet? Wie organisiert er das?" Es zeigte sich, dass in Japan ein durchaus anderes Verständnis von Mitarbeiterschulung vorliegt. Im Unternehmen des Befragten trafen sich die Mitarbeiter tatsächlich täglich zur Schulung, allerdings nur für etwa zehn Minuten. Die Schulung wurde in der Regel vom direkten Vorgesetzten durchgeführt. Schulungsinhalte waren, neben dem Erfassen von Vorschlägen, einfache Verhaltensweisen im Umgang mit Kunden. So wurde zum Beispiel regelmäßig die Begrüßung des Kunden und die richtige Verbeugung dazu geübt. Schulung bedeutete hier kein mehrtägiges Zusammenkommen in einem schönen Seminarraum unter der Leitung eines gut bezahlten, extra eingeladenen Trainers. Schulung bedeutete hier einfachstes, prägnantes Verhaltenstraining in der Filiale. Diese Art von Training findet sich unter dem Stichwort „Micro-Teaching" auch in einigen Lehrbüchern der Personalentwicklung bei uns. In der Praxis hat sich dieser Ansatz aber kaum durchgesetzt. Dies ist verständlich, denn eine solche Art des Trainings setzt eine andere Grundhaltung des Lernenden voraus, als man sie bei uns häufig antrifft.

In Deutschland ist es der Wunsch des Trainings- oder Seminarteilnehmers, persönlich weiterzukommen und sich zu entwickeln, möglichst ohne sich im Seminar in ungewohnte und damit auch potenziell gefährliche Situationen zu bringen. In Japan steht der Wunsch, das Unternehmen, dem man angehört, weiterzubringen, sehr viel deutlicher im Vordergrund. Wir möchten mit dieser Aussage deutsche Seminarteilnehmer keineswegs abwerten. Wir möchten nur aufzeigen, dass sich die Grundhaltungen unterscheiden und dass die in Japan vertretene Grundhaltung Dinge und Handlungen ermöglicht, die wiederum ein stärker kundenorientiertes Handeln zur Folge haben. Dies klingt vielleicht wieder goldiger, als es in Wirklichkeit ist.

Natürlich gibt es auch in Japan Schwierigkeiten mit unfreundlichen Mitarbeitern oder mit Mitarbeitern, die sich dem Unternehmen nicht ausreichend verbunden fühlen und daher nicht verantwortungsbewusst handeln. Diese befinden sich aber in Japan außerhalb der Norm. Macht zum Beispiel ein japanischer Mitarbeiter nie Vorschläge zur Verbesserung fällt er seinen Kollegen vielleicht negativ auf. In Deutschland fällt eher der Mitarbeiter als „Streber" oder, verzeihen Sie, als „Arschkriecher" auf, der häufig Verbesserungsvorschläge anbringt.

Selbstverständlich hat auch die japanische Art zu denken, negative Auswirkungen. Die starke Verbundenheit mit dem Kollektiv führt auch zu einem starken subjektiven Druck. Im Falle eines Fehlers, oder eines Versagens, muss der japanische Mitarbeiter fürchten, auch Schande über seine Familie oder über die Gemeinschaft zu bringen, der er sich zugehörig fühlt. Auf diese Weise potenziert sich möglicherweise die Angst vor Misserfolgen. Das allgemeine Streben nach Verbesserung und guter Leistung hat in Japan Auswüchse angenommen, die auf keinen Fall positiv zu betrachten sind. So erhält derjenige, der von einer guten Universität abgeht, auch eine gute Stellung. Um aber auf eine gute Universität zu kommen, muss man vorher eine gute Oberschule besucht haben, die man wiederum nur besuchen kann, wenn man auf einer guten Mittel- und Grundschule war, was in Japan den Besuch eines guten Kindergartens voraussetzt. Die schwierigen Aufnahmeprüfungen an den erstrebenswerten Universitäten können nur bestanden werden, wenn sich die Kinder etwa ab dem zehnten Lebensjahr durch zusätzlichen Nachhilfeunterricht auf diese Prüfungen vorbereiten. Auf diese Weise haben Kinder bereits einen Arbeitsplan, der manchem Erwachsenen übermäßigen Stress bereiten würde, und relativ häufig hört man von Selbstmorden, bei denen sich Schüler, die in wichtigen Prüfungen versagt haben, ihr Leben nehmen. So ist, wie bereits gesagt, auch Japan kein durchweg positives Beispiel einer idealen Gesellschaft. Genau wie das Beispiel der USA ist auch Japan wiederum nur ein Beispiel dafür, dass bestimmte Grundeinstellungen zu einer erhöhten Servicebereitschaft nötig sind.

Nachdem wir so ausführlich zwei Ländern analysiert haben, in denen ein anderes und kundenorientierteres Denken von Service herrscht, möchten wir es nicht unterlassen, einen Blick auf Deutschland und die dortigen Hintergründe zu werfen.

5.5 Produktionsparadies Deutschland

Bittet man einen beliebigen Passanten in Deutschland oder im Ausland, er möge doch einmal Qualitätsprodukte aufzählen oder Marken, die ein Synonym für Qualität sind, kann man ziemlich sicher sein, dass sich unter den Top Ten auch deutsche Firmen, in der Regel aus der Automobil- oder aus der Haushaltsgerätebranche, befinden. Dies mag auf den ersten Blick einer These widersprechen, die wir in Kapitel 2 aufgestellt haben, nämlich dass Qualitäten immer vergleichbarer und ähnlicher werden. Allerdings nur auf den ersten Blick, denn objektiv werden die Qualitäten sicher vergleichbarer, aber etliche deutsche Marken umgibt immer noch ein Mythos der Qualität, Zuverlässigkeit und technischer Ausgereiftheit.

Dazu ein Beispiel aus eigener Erfahrung: Bis vor einem Jahr waren wir eine Familie mit zwei japanischen Autos. Da wir Vielfahrer sind, kaufen wir auch relativ häufig neue Wagen. Der Autohändler der japanischen Marke hatte es auch über einige Zeit geschafft, uns bei der Stange zu halten, indem er uns rechtzeitig darauf hinwies, wenn ein neues Fahrzeug angebracht war, und auch immer schöne Argumente für ein Fahrzeug seiner Marke im Vergleich zu anderen Marken hatte. Dies änderte sich schlagartig an dem Tag, als wir ihm mitteilten, dass wir uns für ein Fahrzeug einer deutschen Nobelmarke interessierten. Dies eigentlich in der Hauptsache, weil uns eines unserer bisherigen Fahrzeuge im häufigen Gebrauch einfach langweilig geworden war. Als wir unser Interesse an einem Fahrzeug dieser deutschen Marke bekundeten, verstummten plötzlich alle sonstigen Argumente unseres bisherigen Händlers. Das einzige, was er anzumerken hatte, war, dass ihm die Front- und Scheinwerferpartie des von uns ins Auge gefassten Wagens optisch nicht so ganz gelungen schien. Kein Wort mehr über die Zuverlässigkeit der Autos seiner Marke, über den Preisvorteil seiner Wagen, nichts, nur bloßes Erstarren vor einer deutschen Traditionsmarke.

Dieses geradezu ehrfürchtige Verhalten gegenüber Marken und Produkten gibt es vergleichsweise selten, und wir haben in Deutschland tatsächlich eine Ansammlung solcher ehrfürchtig betrachteten und begehrten Marken. Genau dies ist nämlich vielen deutschen Unternehmen gelungen – aus ihren Produkten Marken zu machen und sie damit mit dem Mythos zu umgeben, der Marke ausmacht. Dies führt wiederum im Automobilbereich dazu, dass, wenn Audi, BMW, Mercedes, Porsche oder VW ein neues Modell auf den Markt bringen, die relevanten Fachzeitschriften dieses Modell lange vorher ankündigen und besprechen, sich bemühen, einen Vorabtestbericht zu veröffentlichen, danach wiederum über die Einführung berichten und dann einen weiteren Bericht über die ersten 100.000 km des neuen

Modells bringen. Koreanische Hersteller, die gerade die Erfahrung machen, wie schwierig es ist, im deutschen Markt Fuß zu fassen, haben Glück, wenn über ihre sicher soliden Produkte mehr als einmal auf einer müden halben Seite berichtet wird. Nur selten tritt ein ausländischer Autohersteller wirklich ernsthaft an, um deutschen Herstellern Marktanteile in der so genannten Oberklasse abzunehmen. Im Kleinwagenbereich und in der Mittelklasse ist dies ja durchaus gelungen, aber in der edlen Spitze sieht die ausländische Konkurrenz doch bisher recht ärmlich aus. Das Problem der deutschen Hersteller ist natürlich, dass relativ mehr Fahrzeuge in der Klein- und Mittelklasse verkauft werden. Aber dennoch, deutsche Produkte genießen anscheinend weltweit einen guten Ruf. Wobei neuere Beobachtungen zeigen, dass der immer noch gute Ruf deutscher Produkte interessante Auswüchse bekommt. Nach einer Recherche der Wirtschaftswoche (43/2005) und der Markennews (3/2006) lässt sich derzeit beobachten, dass gerade in asiatischen Märkten von Anbietern gerne deutsche Namen verwendet werden, um die Produkte – gerade im Automobilbereich – „deutsch" aussehen zu lassen. So finden sich z. B. in Japan Produktnamen für Autos japanischer Hersteller wie „Platz", „Raum" und „Opa". „Opa" ist dabei interessanterweise ein Fahrzeug für junge Familien. Ein Sprecher von Toyota unterstreicht dabei: „Mit deutschen Bezeichnungen assoziieren Japaner gute Beziehungen, gute Qualität, gleichzeitig klingen sie süß und kurz."

„Made in Germany" bedeutet immer noch etwas. Es stellt sich die Frage, wie dies eigentlich zustande kommt. Wie hat es sich ergeben, dass wir Deutschen eher ein Volk von Produzenten als von Verkäufern sind? Für diese Frage möchten wir dann wieder ein wenig historische und kulturelle Wurzeln betrachten.

5.6 Die Wurzeln der Produktorientierung in Deutschland

Handwerk hat goldenen Boden. Diese einfache Volksweisheit drückt einen Gedanken aus, der unsere wirtschaftliche Entwicklung wesentlich geprägt hat. Handwerk meint nämlich nicht nur die traditionellen Handwerksberufe, sondern doch generell das Herstellen, Fertigen und Produzieren von Dingen, und dies hat dann, so die oben genannte Weisheit, goldenen Boden. In der Entwicklung der Berufe taucht der Händler, als jemand der Waren beschafft und weitervertreibt, wahrscheinlich sehr früh auf. In Deutschland hat diese Tätigkeit aber nie besondere Anerkennung gefunden. Verkaufen und Handeln war immer mehr ein notwendiges Übel als eine echte Aufgabe. Während im Mittelalter die produzierenden Gewerbe begannen, sich zu Zünften zusammenzuschließen, um ihr Handwerk zu schützen und zu wahren, wurden die Händler außen vor gelassen. Es gibt unter den traditionellen Handwerken nur eines, das nicht im eigentlichen Sinn produziert, sondern vielmehr verändert und ein Dienstleistungshandwerk ist, das der Barbiere. Alle anderen produzieren in irgendeiner Weise. Die Produzenten waren natürlich auch Händler ihrer produzierten Waren, aber das Selbstverständnis, die Identität lag doch in der Produktion. Niemals hätte sich ein Schuster als Schuhverkäufer beschrieben, oder ein Schmied als Vertreter für Eisenwaren, auch die Fischer sind Menschen, die Fische fangen, und keine Fischhändler (Verleihnix, der dem Asterix-Leser bekannt sein dürfte, bildet hier eine Ausnahme, aber Verleihnix ist auch Gallier und nicht Germane). Das Handeln mit der produzierten Ware war für den Produzenten immer nur eine notwendige Nebensache.

Natürlich gab es auch den Beruf des Händlers, aber dieses Handwerk, das in Deutschland im Gegensatz zu anderen Ländern nie ein eigenes geworden ist, fand bei weitem weniger Anerkennung. Jeder konnte Händler werden. Händler, später Kaufleute, gehörten zu denen, die den Wohlstand der Städte sicherten, aber, so sagte man doch, an anderer Leute Arbeit verdienten. Die Warenbeschaffung, also das, was die Händler und Kaufleute taten, war zwar politisch sinnvoll und anerkannt, aber nicht so ehrenvoll, wie durch eigener Hände Arbeit sein Brot zu erwerben. Zudem gehörte der Beruf des Händlers zu den sogenannten freien Berufen, wie auch die Ärzte oder die Geldverleiher. Frei bedeutete aber in diesem Gebrauch, dass eben jeder den Beruf ergreifen konnte, ohne die Zustimmung und die Reglementierung einer Zunft. Während die Ärzte dann als Helfer der Menschen und die Geldverleiher als Bankiers Macht und Ansehen sammelten, blieben die Händler irgendwie außen vor. Natürlich sammelten auch die Händler Reichtum an, der der Entwicklung der Städte zugute kam, aber die Anerkennung der Berufe, die produzierten und Dinge erschufen, blieb ihnen versagt. Vielleicht kommt auch hinzu, dass wir Deutschen in unserer Entwicklung auch als Nation keine ausgesprochene Handelsnation waren. Während sich die Engländer, Spanier, Portugiesen und Holländer im Überseehandel betätigten, war man damit in Deutschland, oder dem was damals Deutschland war, weitaus zurückhaltender. Dies zieht sich bis in die Neuzeit. Wir Deutschen haben es tatsächlich verstanden, Waren zu produzieren, die überall in der Welt begehrt waren und es zum Teil heute noch sind. Dies ist ein unbestrittener Verdienst. Das Wirtschaftswunder nach dem Zweiten Weltkrieg ist kein Handels-, sondern in erster Linie ein Produktionswunder. Denjenigen, die nicht dabei gewesen sind, wird erzählt, dass die Fabriken wieder aufgebaut wurden und Deutschland wieder produzierte. Dass Deutschland damit auch wieder Waren verkaufte, bleibt eher unausgesprochen. Dies hat sich bis heute wenig gewandelt.

In deutschen Unternehmen wird sehr viel Zeit damit verbracht, Produktionsabläufe zu optimieren, Fehlmengen zu senken und Qualitäten zu sichern. Wir sind in Deutschland

Meister, wenn es darum geht, Ablaufprozesse zu analysieren und zu optimieren. Zumindest nehmen wir begeistert jede Prozessoptimierung auf. Optimiert ist ein Prozess dann, wenn er schneller wird oder die Qualität eines Produktes hebt. Selten fragen wir uns, ob die Optimierung auch die Qualität der Dienstleistung hebt oder ob sie dem Kunden gefällt. Führen wir uns einmal das Beispiel der Supermarktkasse – gerade bei Discountern – vor Augen: Der Ablauf, also der Prozess, ist zeitlich sicher gut optimiert. Die Kassiererin oder der Kassierer sind in der Regel so platziert, dass sie den Blick immer auf die Waren, die auf dem Band anrollen, und die Kasse richten können. Dies macht das Scannen der Preise und Artikelnummern leicht und zeitsparend. (Versuchen Sie doch einmal bei einem Einkauf bei Aldi ihre Waren so schnell vom Band zu nehmen und in einen Einkaufskorb zu packen, ohne dabei die Bierdosen auf die Tomaten zu werfen, wie die Kassiererin oder der Kassierer die Ware scannt und weiter schiebt). Bei dieser prozessoptimalen Platzierung der Kassenmitarbeiter hat man leider übersehen, aber das würde auch zuviel Zeit kosten, nämlich dass die Mitarbeiter selten sehen können, was mit den Waren passiert, die auf dem Band weitergelaufen sind. Deshalb sieht es am Ende des Bandes immer so aus, wie auf der Autobahn bei Glatteis.

Eine der „schönsten" Prozessoptimierungen, die uns in den letzten Jahren in Supermärkten begegnet sind, fanden wir in einem Markt in Kaiserslautern. Dort hat sich wohl ein findiger Mensch Gedanken zum Bedienvorgang an der Fleisch- und Wursttheke gemacht und brachte die folgende Veränderung: Die Kunden mussten dort, bevor sie sich in die Schlange an der Theke einreihen dürfen, eine Nummer aus einem Spender ziehen. Diese Nummer wurde dann in einem elektronischen Display über der Theke aufgerufen. Stimmten Nummer aus dem Spender und die Nummer aus dem Display überein, war man Gewinner eines Bedienvorgangs, der sich insoweit weiter vereinfachen sollte, dass man von der gleichen Person mit Wurst- und Fleischwaren bedient wurde. Dies bedeutete also, kein doppeltes Anstellen mehr, wenn man Wurst und Fleisch kaufen wolle. Das hörte sich gut an, führte aber in der Praxis zu interessanten Auswirkungen. Als wir abends in den Markt kamen, waren wir die einzigen Kunden an der Wurst-/Fleischtheke. Beherzt gingen wir also auf die ebenfalls einzige Verkäuferin hinter der Theke zu und wünschten einen guten Abend. Die Verkäuferin blickte uns an und sagte dann: „Sie müssen eine Nummer ziehen." „Warum?" fragten wir zurück und erklärten, dass wir schließlich die einzigen Kunden weit und breit seien. Dies wäre jetzt aber egal, so wurde uns mitgeteilt, und wir müssten eine Nummer ziehen. Also traten wir zurück an den Spender und zogen eine Nummer. Daraufhin drückte die Verkäuferin einen Knopf und siehe da, unsere Nummer leuchtete auf und wir wurden sogleich bedient. Wir kamen uns vor wie in einem Sketch von Loriot. Aber es zeigt sich eben immer wieder, dass das wahre Leben das bessere Kabarett ist und dass die erlebten Absurditäten absurder sind als alles, was jemals auf der Bühne zu sehen sein wird. Interessant war dann übrigens auch einen Tag später zu erleben, wie das Nummernsystem funktionierte, wenn tatsächlich mehrere Kunden anwesend sind. Weil die Verkäuferin ihrem Kunden seine Wünsche hinsichtlich Fleisch *und* Wurst bereitwillig erfüllten, traten sich sämtliche Angestellte hinter den beiden Thekenabschnitten regelmäßig gegenseitig auf die Füße, wenn sie vom Fleisch- in den Wurstbereich wechselten und umgekehrt. Diese Rempeleien und Zusammenstöße hinter der Theke schienen wenig zur Prozessoptimierung beizutragen, ob sie die Kunden erheiterten, muss zumindest bezweifelt werden. Diese Kunden fragten nämlich, was eigentlich der Grund für die Einführung des neuen Systems sei. Die Antwort war verblüffend einfach: „Dann kann sich keiner mehr vordrängeln." Beruhigend zu wissen, dass es Menschen gibt, die mit so einfachen Methoden die dramatischen Drängelkriege an den Wurst- und Fleischtheken befrieden und die wirklich wissen, wie man Kunden diszipliniert. Damit keine Missverständnisse entstehen: Dieses Nummernsystem mag vielleicht wirklich dem Kunden dienen, aber in der dort gelebten Praxis wird der Kunde dem System unterworfen (ob in der Situation sinnvoll oder nicht) und die Begründung suggeriert doch, dass es nicht etwa zum Wohle des Kunden geschieht, sondern weil sich diese bisher einfach nicht vernünftig verhalten haben.

Inzwischen ist das „Nummernziehen" in diesem Lebensmittelmarkt wieder abgeschafft. Auf Nachfrage wurde uns erklärt, dass sich zu viele Kunden über das System beschwert hätten. Es tut gut zu sehen, dass Kundenbeschwerden tatsächlich wieder zu einer Veränderung des Systems geführt haben. Dies ist leider nicht immer der Fall.

Die Lust an der Optimierung geht aber noch weiter. Im Rahmen der Optimierungen wird der Kontakt mit Menschen ersetzt, wo es nur geht. Natürlich ist es weniger personalintensiv, wenn der Kunde sein Benzin selber zapft und seine Kontoauszüge selber druckt. Aber macht es dem Kunden auch wirklich mehr Spaß? Als wir uns vor einiger Zeit einmal über Homebanking, Telebanking und Hast-Du-gesehen-Banking unterhielten, brachte ein Bekannter den schönen Satz: „Manche Banken sind heute so kundenorientiert, dass sie ihre Kunden nicht einmal mehr sehen wollen." Natürlich sind viele Optimierungen auch sinnvoll, weil sie dem Unternehmen Kosten sparen und damit auch den Fortbestand des Unternehmens sichern, und natürlich sind manche Optimierungen auch bequem für den Kunden und erleichtern sein Leben.

Wir plädieren hier nicht für irgendeine Form der Nostalgie oder der guten alten Zeit, wir stellen lediglich fest, dass wir in Deutschland stark (produktions)-prozess- und produktorientiert denken und dabei sowohl den Akt des Verkaufens, wie auch die Person der Verkäuferin und des Verkäufers häufig in den Hintergrund stellen. Verkäufer sein hat überhaupt immer noch einen negativen Beigeschmack. Warum sonst wohl haben viele Autohäuser, das Wort Autoverkäufer gestrichen und den klangvollen Titel Kundenberater erfunden. Dies wäre ja auch in Ordnung, wenn es tatsächlich die Aufgabe des Kundenberaters wäre, Kunden zu beraten, aber sein Job ist es doch, Autos zu verkaufen, und seine Leistung wird nicht daran gemessen, wie gut er Kunden berät, sondern daran, wie viele Autos er verkauft. Verkäufer zu sein ist immer noch nichts Ehrenvolles, und da ist es kein Wunder, dass sich Verkäufer verhalten, wie sie sich häufig verhalten. Um einen gewissen Rest an Würde zu bewahren, zwingen die Umstände sie doch geradezu, sich von den Kunden abzugrenzen, und sich möglichst besser zu stellen als diese.

Erschwerend kommt dabei hinzu, und diese Feststellung ist nicht von uns, sondern von KLAUS BRANDMEYER, einem der großen deutschen Markenexperten, dass in den meisten Unternehmen, die Mitarbeiter, die dem Kunden am nächsten sind, am wenigsten verdienen. So lernen alle, dass man dort möglichst bald weg muss. Karriere führt immer vom Kunden weg, nie zu ihm hin. Dies alles kann nicht die Quelle für Kundenorientierung sein. Wir werden lernen müssen, verkaufen genauso ernst zu nehmen, wie produzieren, oder wir bleiben in der Wüste der Kundenunlust.

5.7 Ein Resümee

Wir haben auf den vorangegangenen Seiten dargestellt, dass kundenorientiertes Handeln nur auf Basis einer bestimmten Grundhaltung oder auf Basis von grundsätzlichen Überzeugungen möglich ist. Diese Grundhaltungen haben in der Regel, wie am Beispiel der USA und Japans gezeigt, kulturelle und historische Wurzeln. Was aber kann nun aus dem Gesagten gelernt werden? Eine Reihe von Dingen sind möglich:

- Nie wieder einem Taxifahrer Trinkgeld geben (er ist schließlich kein Penner)!
- Buddhismus zur Religion des Unternehmens erheben!
- Alle Servicemitarbeiter versammeln und Verbeugungen üben!
- Nur noch Amerikaner und Japaner im Verkauf einstellen!
- Überhaupt nicht mehr verkaufen, sondern nur noch produzieren!

Alle diese Aussagen wären mögliche Lernerfahrungen, aber es wären nicht die von uns beabsichtigten. Es war unser Ziel aufzuzeigen, dass bestimmte Geisteshaltungen die Wurzeln bestimmter Handlungen sind. Wenn wir in Deutschland bisher weniger kundenorientiert handeln als in anderen Ländern, so liegt dies nicht daran, dass die Handlungen unbekannt wären, sie sind höchstens ungeübt und wenig vertraut. Es liegt daran, dass wir unser Denken bisher auf die Herstellung von Produkten und die Optimierung von Abläufen ausgerichtet haben, und nicht so stark auf die Dinge, die das Verkaufen betreffen.

Wir müssen uns in Deutschland bewusst machen, dass kundenorientierter Service heute das Feld ist, in dem sich Unternehmen positiv aus der Masse herausheben können. Wer es lernt, sich auf dem Servicespielfeld zu behaupten, kann in der heutigen Zeit kaum verlieren. Andere Länder mögen den Vorteil haben, dass in ihren Kulturen Grundhaltungen angelegt sind, die es leichter machen, kundenorientiertes Handeln zu entwickeln. Dies sollte uns aber keinesfalls hindern oder abschrecken.

Wir haben uns einmal mit einer amerikanischen Bekannten, die ein großes Reisebürounternehmen aufgebaut hat, über Service und die Unterschiede zwischen den USA und Deutschland unterhalten. Sie sagte, dass es natürlich auch in den USA Unternehmen mit schlechtem Service gebe. Dies würde ihrer Meinung nach daran liegen, dass diese Unternehmen nie versucht hätten, das Beste aus sich und ihren Mitarbeitern herauszuholen. Genauso müssen wir Service in Deutschland betrachten. Es gilt, sich einer Herausforderung zu stellen und nicht darum, darüber zu grübeln, dass es andere schon gut und sehr gut machen. Wenn wir uns in Deutschland der Herausforderung „Service" stellen wollen, tun wir gut daran, dies planvoll anzugehen.

Machen wir uns zunächst einmal klar, dass wir aus anderen Ländern eigentlich nichts übernehmen können. Es ist nicht möglich, ab morgen seine Mitarbeiter jeden Tag für zehn Minuten zusammenzutrommeln, um mit ihnen ein freundliches „Guten Morgen" zu üben. Die Mitarbeiter würden sich verweigern, die beauftragten Führungskräfte dies selber nicht ernst nehmen, der Personalrat Einspruch erheben und der Vorstand schließlich die ganze Maßnahme abblasen. Genausowenig können wir unsere Mitarbeiter zwingen, netten Small talk mit den Kunden zu machen oder die Kunden bereits an der Tür zu erwarten. Es wäre auch nicht angebracht zu versuchen, allen Mitarbeitern den *american way of life* oder den Buddhismus nahe zu bringen. Dies alles wären Versuche, einzelne Stücke erfolgreicher Systeme „abzukupfern". Nachahmen ist nicht schlecht, aber wenn, dann sollte man doch das Prinzip und die grundsätzliche Strategie und nicht oberflächliche Einzelteile kopieren.

Das Prinzip ist einfach: Menschen im Verkauf und Service haben grundsätzlich dann die Möglichkeit sich ihren Kunden gegenüber aufmerksam und freundlich zu verhalten, wenn sie es nicht nötig haben, sich von diesen abzugrenzen, um eine positive Identität zu wahren. Anders formuliert: Haben Verkäufer und Mitarbeiter im Service in dem, was sie tun, eine ausreichend positive Identität, begegnen sie ihren Kunden und Gästen auf einer Ebene, in der Abgrenzung und Sicherung der eigenen Würde keine Rolle spielen. Sie können ihren Kunden als Gleichgestellte begegnen und haben so die Möglichkeit, ihre Rolle voll auszuleben. Da unsere Kultur und unsere Geschichte nicht unbedingt die Grundhaltungen widerspiegeln, die hierzu erforderlich sind, gilt es diese im Unternehmen und für das Unternehmen unternehmensspezifisch aufzubauen. Wie wir uns dies vorstellen, möchten wir im folgenden Kapitel erläutern.

6 Was kann man da tun?

Wir haben bis hierher dargestellt, wie der oft beklagte Mangel an Kundenorientierung in Deutschland zustande kommt und warum in anderen Ländern eine deutlichere Hinwendung zum Kunden möglich ist. Wir haben darüber hinaus festgestellt, dass die Handlungen aus anderen Ländern, so schön und beeindruckend sie auch sein mögen, nicht einfach auf unsere Verhältnisse übertragbar sind. Verkürzt gesagt brauchen wir nicht vordringlich eine Veränderung im Handeln, sondern zunächst die dafür notwendige Änderung im Kopf (neudeutsch „mental change"). Eine solche Veränderung im Denken ist nicht einfach herbeizuführen, aber sie ist, um das Ziel einer neuen Kundenorientierung zu erreichen, unabdingbar. Die Maßnahmen, die wir im Folgenden vorstellen und die diese Veränderung einleiten und begleiten sollen, dürften zu einem Teil bereits bekannt sein. Wir möchten anschließend darstellen, wie und warum der Einsatz und die Verknüpfung dieser Maßnahmen tatsächlich zu einer Änderung im Denken führen.

Bevor wir allerdings die möglichen Maßnahmen vorstellen, möchten wir kurz aufzeigen, welche Ziele und Zielrichtungen auf Basis des bisher Gesagten verfolgt werden können, um eine andere Form der Kundenorientierung zu schaffen.

6.1 Die Ziele

Zur Darstellung möchten wir kurz an die Ausführungen in Kapitel 4 erinnern. Die Ursache einer mangelnden Kundenorientierung ist der Wunsch nach positiver sozialer Identität. Diese wird über soziale Vergleiche hergestellt, in denen die eigene, in diesem Augenblick relevante, soziale Gruppe positiver bewertet wird als eine andere, in diesem

Augenblick relevante Gruppe. Fällt dieser Vergleich zunächst negativ aus, etwa weil das Image der eigenen Gruppe (in diesem Fall Verkäufer) schlechter ist als das der anderen (Kunde), wird das Individuum zu Strategien greifen, die diesen Vergleich positiver gestalten. In der Verkaufsinteraktion sind dies die allseits bekannten Handlungen, wie z. B. *Entzug aus der Situation* (Verkäufer beschäftigt sich mit allem außer dem Kunden), *Ausspielen von fachlicher Überlegenheit* („Dieses Gerät verfügt über einen selbstladenden Turbo-Prop mit querliegenden Sigma-Wellen") oder die *Abwertung des Kunden durch unfreundliche Behandlung* („Dumme Fragen beantwortet der Kollege").

Soziale Vergleichsprozesse lassen sich nicht einfach unterbinden oder aufgeben. Grundsätzlich erfüllen sie auch eine wichtige und sinnvolle Funktion bei der Ordnung unserer sehr komplexen Umwelt. Um allerdings die beim Aufeinandertreffen von Verkäufern und Kunden auftretenden negativen Auswüchse zu vermeiden, gibt es die folgenden möglichen Wege und Ziele:

- das Image der Gruppe „Kunden" senken, d. h. sie im sozialen Vergleich für die Gruppe „Verkäufer" weniger bedrohlich machen;
- das Image der Gruppe „Verkäufer" heben, um der Gruppe mehr Kraft im sozialen Vergleich zu geben;
- dafür sorgen, dass im Unternehmen „Verkäufer" keine relevante Gruppe für soziale Vergleiche mehr ist, d. h. alternative relevante Gruppen für die soziale Identifikation schaffen;
- dafür sorgen, dass sich Verkäufer und Kunden in der Begegnung als Individuen und nicht als Zugehörige unterschiedlicher Gruppen wahrnehmen. Dies würde soziale Vergleichsprozesse auf Gruppenebene überflüssig machen.

Im Kern laufen alle diese Wege auf das gleiche übergeordnete Ziel hinaus, nämlich das ungesunde Gefälle zwischen

Verkäufer und Kunde aufzuheben bzw. zu minimieren, und so eine Basis für eine gesunde, und damit auch eine kundenorientierte Beziehung zwischen den beiden Gruppen zu schaffen.

Wir werden im Folgenden die vier oben genannten, zunächst nur theoretisch denkbaren Zielrichtungen genauer diskutieren und ihre praktische Anwendbarkeit im Unternehmen prüfen.

6.2 Maßnahme 1: „Nieder mit dem König"

Die Monarchie ist in fast allen Staaten der Erde als Regierungsform abgelöst worden. Die existierenden Königinnen und Könige, und das meinen wir gar nicht abwertend, sind heute dazu da, repräsentative Dinge zu tun, und haben sich aus dem aktiven politischen Geschäft herauszuhalten. Genauso sollten wir mit dem Bild vom König Kunde verfahren. Wir mögen es aufbewahren als Erinnerung an vergangene Zeiten, aber uns muss klar sein, dass es nicht mehr in die heutige Zeit gehört. Um es klar zu sagen: Der Kunde hat nicht immer recht, der Kunde bekommt nicht alles, was er will, der Kunde darf bestimmte Dinge nicht tun, es ist in Ordnung, „Nein" zu einem Kunden zu sagen – der Kunde ist kein König.

> Wir müssen unser Bild vom Kunden neu definieren und es zeitgemäß gestalten.

Interessanterweise wollen die allermeisten Kunden auch gar nicht König sein. Sie wollen gut und fair behandelt werden. Das ist aber etwas völlig anderes als „Buckeln" und „Dienern" vor einem ungeliebten König (auf den im Hintergrund längst die Guillotine wartet). Das Bild vom Kunden muss unserer Realität und unserer Welt angeglichen werden. Es muss ehrlicher werden als das Bild vom König, an das sowieso niemand richtig glaubt und das in der Praxis auch nicht zu leben ist. Es ist für den Kunden ehrlicher, wenn ihm das Unternehmen klar mitteilt, was es für ihn leisten kann, was der Kunde selbst tun muss und auch was er nicht darf, anstatt ihm zu suggerieren, alles sei möglich, aber nichts machbar. Denken Sie vielleicht noch einmal an das, was wir im Kapitel 5 über die Serviceorientierung in den Vereinigten Staaten gesagt haben und das dort auch Regeln für den Kunden gelten (No shoes, no shirt, no service).

Wir haben vor einiger Zeit einmal mit einem Unternehmen einen Workshop durchgeführt, bei dem es um Unternehmensziele- und philosophien ging. Die Teilnehmer des Workshops formulierten damals für das Unternehmen u. a. folgende grundlegende Philosophie: „Der Kunde ist bei uns Freund und Gast." Genau das ist die Abkehr vom Königsbild. Einen Freund und Gast werde ich anders behandeln als einen König. Zumindest bei uns zu Hause bemühen wir uns um unsere Freunde und Gäste, wir sind aufmerksam, wir spielen ihnen vielleicht aus Höflichkeit auch einmal etwas vor, aber sie beugen sich auch gewissen Regeln, sind nicht Könige, sondern eben Gäste und Freunde, die auch Pflichten haben und sich an gewisse Regeln halten müssen. Gäste, für die nicht alles möglich ist, sondern nur das, was machbar ist.

> Formulieren Sie in Ihrem Unternehmen ein realistisches Bild von Ihrem Kunden.

Schauen Sie sich Ihre Zielgruppen genau an und beschreiben dann exakt, wie Sie Ihren Kunden sehen, was Sie für den Kunden leisten können und wollen, und auch, was Sie von Ihrem Kunden erwarten. Beteiligen Sie möglichst viele Ihrer Mitarbeiter an der Schaffung dieses Bildes und vermitteln Sie denen, die Sie nicht beteiligen können, gründlich das neue Bild vom Kunden und auch, was sich daraus für Ihre Mitarbeiter und das Unternehmen ergibt. Erklären Sie, warum Sie ein neues Bild vom Kunden schaffen und was Sie damit bezwecken. Überprüfen Sie auch Ihre Werbung und Ihre sonstige Kommunikation mit dem Kunden daraufhin, ob sich in der Kommunikation das neue Bild wiederfindet. Wenn nicht – verändern Sie auch Ihre Kommunikation entsprechend.

Es mag Leute geben, die da sagen: „Ist das denn wirklich alles nötig. Wir haben doch eingesehen, dass Kunden keine Könige sein müssen, aber muss man das denn so aufwendig betreiben?" Man sollte aber die Wirkung von Sprache und den Bildern, die sich daraus ergeben, keinesfalls unterschätzen. Die allermeisten Mitarbeiter im Service und Verkauf sind lange auf das König-Kunde-Bild geradezu abgerichtet worden. Eine Veränderung muss, wenn sie erfolgt, deutlich erfolgen und zwar so, dass es jeder merkt. Also, nieder mit dem König – es lebe der Partner.

6.3 Maßnahme 2: „Der Stolz der Diener"

Sie kennen möglicherweise das Phänomen, dass Druck und Frust häufig nicht an den Absender zurück-, sondern an einen nächsten, zunächst Unbeteiligten weitergegeben werden. So kommt es vor, dass Menschen ihren Frust über die Arbeit zu Hause bei der Familie abreagieren, anstatt den Konflikt an Ort und Stelle auszutragen. Eine solche Verhaltensweise ist menschlich und wahrscheinlich schon jedem einmal unterlaufen. Es ist schwer, Unbeteiligte freundlich zu behandeln, wenn mit einem selbst nicht freundlich umgegangen wird, und es ist schier unmöglich, andere wertzuschätzen, wenn man selbst keine Wertschätzung erfährt.

So ist es auch im Unternehmen. Ein Unternehmen, dass sich nicht mitarbeiterorientiert verhält, wird es schwer haben, Kundenorientierung einzufordern. Diesen Satz haben Sie vielleicht in ähnlicher Form schon häufiger gehört. Deshalb möchten wir hier etwas Entscheidendes ergänzen:

> Ein Unternehmen, dass sich mitarbeiterorientiert verhält, tut dies insbesondere dadurch, dass es seine Mitarbeiter stolz macht.

Mitarbeiterorientierung hat nicht so viel mit zusätzlichen Sozialleistungen, Weihnachtsgeld und Essenszuschüssen zu tun, wie häufig geglaubt wird. Viel entscheidender ist es, dass die Mitarbeiter stolz auf ihre Zugehörigkeit zum Unternehmen, auf ihre Arbeit im Unternehmen und auf das Unternehmen selbst sein können. Ein Mitarbeiter, der stolz auf seine Arbeit und sein Unternehmen sein kann, wird einem Kunden freier gegenübertreten können, als einer, dem täglich bewusst gemacht wird, dass dieser Job, in diesem Unternehmen ganz bestimmt nicht zu dem gehört, was man sich im Leben so vorstellt. Es ist dabei wichtig, zwischen Stolz und Arroganz (früher sagte man eher Hochmut) zu trennen. Es geht nicht darum, dass der Mitarbeiter „besser" oder mehr wert sein soll als der Kunde. Es geht darum, dass er in seiner Rolle selbstbewusst sein soll und die Nahrung dieses Selbstbewusstseins der Stolz ist. Wie aber kann man Stolz schaffen?

Die Entwicklung von Stolz beginnt ganz am Anfang, d. h. bei der Einstellung in das Unternehmen. Unabhängig von der Art der Position ist es wichtig, Zeit auf die Einstellung neuer Mitarbeiter zu verwenden. Es ist wichtig, deutlich werden zu lassen, dass das Unternehmen sich interessiert und auch seinerseits um den Bewerber wirbt. Es ist ganz besonders wichtig, dass die Einstellung nicht zu leicht ist. Der Bewerber soll, um zum Mitarbeiter zu werden, auf ihn und die Position abgestimmte Hürden bewältigen müssen. Getreu dem alten Wahlspruch: „Was nichts kostet, ist auch nichts wert", ist auch eine Stelle, die ohne Mühe quasi an jeden vergeben wird, der es schafft, durch die Tür zu kommen, nichts wert. Und das Innehaben dieser Stelle macht auch nicht stolz.

Der Platz im Unternehmen soll erworben werden und dem Bewerber, der die Stelle erhält, soll auch mitgeteilt werden, dass sie oder er „ausgewählt" worden ist. Dies klingt vielleicht theatralisch, ist aber in der Praxis doch ganz einfach. Es geht lediglich darum, dem Bewerber, der zum Mitarbeiter wird, deutlich mitzuteilen, dass sich das Unternehmen bewusst für sie oder ihn entschieden hat.

Jetzt mag bei einigen Lesern der Gedanke aufkommen: „Tun wir doch längst – alles alter Hut und kalter Kaffee". Die Frage wäre dann, tun Sie es tatsächlich für und bei allen neuen Mitarbeitern? Nicht nur bei den Abteilungsleitern, Führungskräften und Nachwuchsmanagern, sondern auch bei den vielen Mitarbeitern, die keine imaginären Sterne auf der Schulter tragen und tragen werden? Tun Sie es tatsächlich für alle Auszubildenden und für die Aushilfskräfte an der Kasse und im Lager?

Lassen Sie uns den Sachverhalt noch einmal anders ausdrücken. Von den Abteilungsleitern, den Managern und den Führungskräften eines Unternehmens würden wir eigentlich *erwarten,* dass sie hinter dem Unternehmen stehen und es auch mit Stolz in der Öffentlichkeit vertreten. Abteilungsleiter, Manager und Führungskräfte haben sich in der Regel das Unternehmen ganz bewusst ausgesucht, erhalten viel Macht im Unternehmen und bekommen in der Regel viel Geld für das, was sie tun. Hier kann erwartet werden, dass die Voraussetzung für Stolz mitgebracht wird und dass sich Stolz entwickelt. Aber bei den allermeisten Mitarbeitern muss sich das Unternehmen den Stolz erarbeiten und verdienen. Das Unternehmen muss Gründe für den Stolz liefern und sich aktiv bemühen, Stolz zu schaffen. Und diese Gründe beginnen eben bei der Einstellung und bei dem ersten Schritt, den der neue Mitarbeiter in das Unternehmen tut.

Die Schaffung von Stolz geht natürlich über die Einstellung hinaus. Im nächsten Schritt halten wir es für unbedingt erforderlich, dass die Mitarbeiter möglichst viel über ihr Unternehmen erfahren. Das heißt die Geschichte des Unternehmens, seine Ziele, seine grundsätzliche Philosophie, seine Stellung im Markt und seine grundsätzliche wirtschaftliche Lage kennenlernen. Etliche Unternehmen haben in den letzten Jahren spezielle Seminare für neue Mitarbeiter eingeführt, in denen genau diese Dinge vermittelt werden. Dies ist ein Schritt in die richtige Richtung.

Wenn von Mitarbeitern Identifikation mit dem Unternehmen gefordert wird, und dies ist wiederum die Basis für Stolz, dann müssen zunächst eingehende Informationen vermittelt werden. Wie könnte sich jemand denn mit etwas identifizieren, über das er gar nichts weiß? Solche Informationen über das Unternehmen müssen nicht nur einmal gegeben, sondern regelmäßig aktualisiert werden.

Auf einem unserer Seminare sagte einmal ein Teilnehmer: „Die Leute bei Mercedes haben es gut, die erfahren wenigstens aus der Zeitung, wie es ihrem Unternehmen geht." Diese Aussage ist doppelt traurig: Zum einen ist es natürlich traurig, dass dieser Mitarbeiter aus einem Unternehmen kommt, in dem er anscheinend gar keine Informationen erhält, zum anderen wäre es traurig, wenn es denn so wäre, dass die Mitarbeiter großer Unternehmen ihre Informationen über dritte erhalten müssen und nicht vom Unternehmen selbst. Information ist die Basis für Identifikation, und Identifikation ist die Basis für Stolz.

Stolz wird dann im Weiteren über Vergleiche geschaffen. Es ist sinnvoll, gemeinsam mit den Mitarbeitern, das eigene Unternehmen mit anderen zu vergleichen oder den Mitarbeitern solche Vergleiche zu präsentieren. Vergleiche mit

Wettbewerbscharakter schweißen das eigene Team stärker zusammen und erhöhen natürlich auch den Stolz, diesem Team anzugehören. Aus diesen Vergleichen lassen sich dann auch wieder Herausforderungen ableiten, deren gemeinsame Erreichung dann wiederum den Teamgeist und den Stolz stärken. Auf der Managementebene werden solche Dinge längst praktiziert. Wenn Stolz bei den Mitarbeitern erzeugt werden soll, müssen diese Maßnahmen einfach auf alle Mitarbeiter übertragen werden. In diesem Rahmen muss auch allen Mitarbeitern ihre Wichtigkeit bei der Erreichung der Unternehmensziele verdeutlicht werden.

Wer selber im Unternehmen wichtig genommen wird, wer sich mit dem Unternehmen verbunden fühlt und stolz auf „sein" Unternehmen und „seinen" Platz in diesem Unternehmen sein kann, wird auch in der Regel bemüht sein, Schaden vom Unternehmen abzuwenden. Stolz und Verbundenheit lösen nicht den Konflikt, der sich beim Aufeinandertreffen von Verkäufern und Kunden ergibt, aber sie entschärfen ihn, weil die Mitarbeiter in Verkauf und Service ihren Kunden gestärkt gegenübertreten und bemüht sein werden, ihr Bestes für das Unternehmen zu tun.

Jährlich werden in Deutschland – und auch in anderen Ländern – übrigens die besten Arbeitgeber prämiert. Gemeint sind dabei Unternehmen, die von den eigenen Mitarbeitern als „great place to work" angesehen werden. Analysiert man nun die Kultur dieser Unternehmen, zeigt sich, dass unabhängig von Branche und Größe Faktoren wie Glaubwürdigkeit des Arbeitgebers gegenüber seinen Mitarbeitern (z. B. durch eine offene und klare Kommunikation), Respekt (z. B. durch das Bereitstellen von Informationen) und Stolz (z. B. durch die Sinngebung in der Tätigkeit) wesentliche Merkmale sind, in denen sich die prämierten Unternehmen von anderen unterscheiden.

6.4 Maßnahme 3: „Vom Verkäufer zum Gastgeber"

Im Praxisbeispiel im Kapitel 7 beschreiben wir ein Unternehmen, mit dem wir zusammen Workshops zur Kundenorientierung durchgeführt haben. Ein Teil des Workshops bestand darin, mit den Mitarbeiterinnen und Mitarbeitern – die herkömmlich Verkäufer heißen – zu überlegen, welche Rollen und Aufgaben diese eigentlich in der Arbeit gegenüber ihren Kunden einnehmen. Es zeigte sich, dass die Aufgaben und Rollen sehr bunt waren. Mit dem Kunden umgehen hieß in der Praxis deutlich mehr, als Ware über einen Tresen zu reichen und „2,80 Euro bitte" zu sagen. Umgang mit dem Kunden war von intensiver Produktberatung über Tipps zu Restaurants und Geschäften in der Stadt bis hin zu kurzer Lebensberatung ein bunter Strauß an Tätigkeiten. Doch eine stach dabei besonders heraus, nämlich die des Verkaufsmitarbeiters als Gestalter der Verkaufsatmosphäre. Neben dem eigentlich architektonischen Design, d. h. Licht, Anordnung des Mobiliars etc. gestalten natürlich vor allem Personen die Atmosphäre eines Raums. Atmosphäre zu gestalten ist eine hochgradig anspruchsvolle und übrigens wahrscheinlich auch herausforderndere und schönere Aufgabe, als immer nur zu sagen: „2 Euro bitte". Kurz – die Bezeichnung „Verkäuferin" wird dieser Aufgabe und der Rolle, die Mitarbeiter dem Kunden gegenüber haben, eigentlich nicht gerecht. Eine andere Bezeichnung wie vielleicht Service-Berater oder auch Gastgeber wäre hier angemessener.

Nette Idee mag man da sagen, aber was soll's? Wo ist der Unterschied, ob ich Verkäufer oder Gastgeber um mich habe? Der wesentliche und psychologisch überaus wirksame Unterschied ist die Entstehung einer neuen Gruppe bzw. einer Identifikationsmöglichkeit für die in der Unternehmung Tätigen. Die Gruppe der Verkäufer oder des Servicepersonals ist nicht mehr existent. Stattdessen begegnen sich Gäste und Gastgeber, die nicht durch die Zugehörigkeit zu einer unterlegenen Gruppe belastet sind. Dies eröffnet dann natürlich auch völlig neue Möglichkeiten für das Umgehen mit dem Gast oder Kunden.

Die Definition einer solchen neuen Gruppe, der sich die Mitarbeiter im Verkauf und Service zugehörig fühlen können, muss natürlich mehr sein als ein bloßes Austauschen von Etiketten. Wir haben in einem anderen Kapitel dieses Buches bereits gesagt, dass es wenig hilfreich ist, Verkäufer in Verkaufsberater umzutaufen, sie aber immer noch wie Verkäufer zu behandeln und an der Menge der verkauften Artikel zu messen. Ein solcher Etikettenschwindel produziert eher Frust und Unlust als ein neues Umgehen mit dem Kunden. Wenn die Mitarbeiter im Verkauf oder Service eine neue Rolle übernehmen sollen, muss diese gut und ausreichend definiert sein. Selbstverständnis, Aufgaben und Rahmen der neuen Rolle müssen ausgeführt und vermittelt werden. Den Mitarbeitern müssen dann auch die Möglichkeiten gegeben werden, sich entsprechend ihrer Rolle zu verhalten. Das heißt, ein Verkaufsberater muss in der Beratung von Kunden geschult und ausgebildet werden und in der Arbeitspraxis an seinen Beratungsleistungen gemessen werden. Gastgeber müssen die Möglichkeit zur Kreativität und vielleicht auch manchmal zu kleinen Experimenten erhalten, sonst macht der Austausch des Etiketts mehr kaputt, als dass er hilft.

Überlegen Sie also gut, ob Ihre Mitarbeiter eine neue Rolle und wenn ja welche erhalten sollen und können. Arbeiten Sie auch gemeinsam mit den Mitarbeitern an einem neuen und anderen Selbstverständnis und machen Sie sich klar, dass erst dann, wenn die Rolle zum Selbstverständnis wird, wenn sich also die Personen auch so fühlen, wie sie heißen, die Rolle zu einem bestimmten Verhalten führen wird. Hierbei müssen so vermeintlich simple, aber doch entscheidende Dinge bedacht werden wie z. B.: Wenn es keine Verkäufer mehr gibt, darf die Abteilung auch nicht mehr Verkauf heißen, dürfen die Rundschreiben nicht mehr mit „Liebe Mitarbeiterinnen und Mitarbeiter des Verkaufs" beginnen und die Arbeit dieser Menschen nicht mehr in Verkaufsräumen stattfinden. Erst die komplette Neuinszenierung der Rolle wird zu einem Ergebnis im Verhalten führen.

6.5 Maßnahme 4: „Weg mit den Karriereketten"

Eine weitere Möglichkeit, zu erreichen, dass die Gruppe „Verkäufer" in Begegnungen mit Kunden weniger relevant ist, ist die deutliche Eröffnung unternehmensinterner Karrieremöglichkeiten.

In vielen Unternehmen ist es kaum oder nur schwer möglich, die Position des Verkäufers jemals zu verlassen, d. h. in der Hierarchie aufzusteigen oder auch eine grundsätzlich andere Position im Unternehmen einzunehmen. In kaum einem anderen Land ist die Schul- und Berufsausbildung derart entscheidend wie in Deutschland. Ein Mitarbeiter im Verkauf, mit der für diese Position üblichen Schul- und Berufsausbildung kann in der Regel unter großen Mühen Markt- oder Abteilungsleiter werden. Diesen Mitarbeiter ganz anders einzusetzen, z. B. als Verantwortlichen für Marketing, ist gar undenkbar. Sehen wir dann noch, dass gerade im Verkauf und Service viele Menschen beschäftigt sind, die keine oder ursprünglich eine ganz anders geartete Ausbildung genossen haben, und deshalb für eine Karriere nun wirklich nicht in Frage kommen, wird deutlich, warum viele Mitarbeiter im Verkauf oder Service ihre Tätigkeit als Falle erleben – es ist dann nämlich auch eine. Dass bei dem Gedanken, die nächsten vierzig Jahre Dosen in Regale stellen zu müssen, wenig Kundenfreude aufkommt, ist nicht so ganz verwunderlich.

> Es ist wichtig, im Unternehmen Aufstiegsmöglichkeiten und Möglichkeiten der Neuorientierung zu bieten.

Diese müssen keinesfalls immer vom Verkauf und vom Kunden wegführen. Wer sagt denn, dass es nicht Mitarbeiter in der Buchhaltung gibt, die sogar Spaß daran hätten, für eine Weile oder auch für immer ihren Büroarbeitsplatz gegen einen Arbeitsplatz mit Kundenkontakt zu tauschen?

Der Arbeitsplatz mit Kundenkontakt ist in Unternehmen häufig in Hierarchie und Ansehen weit unten angesiedelt und alle lernen früh, dass man, wenn man es zu etwas bringen will, dort weg muss.

Durch eine flexiblere Gestaltung der Arbeitsmöglichkeiten und eine definierte Öffnung von Karrierewegen für alle kann aber aus dem Arbeitsplatz mit dem Kunden das werden, was es eigentlich sein sollte: Eine Aufgabe, die wie alle anderen im Unternehmen eine wichtige ist, an die der Ausführende aber nicht den Rest seines Lebens gekettet sein muss.

Dies heißt natürlich nicht, dass nun alle im Unternehmen Karriere machen müssen oder dauernd ihren Arbeitsplatz wechseln sollen. Es meint, dass die Möglichkeit, dies zu tun, sich positiv auf die Arbeit mit dem Kunden auswirkt. Solche Möglichkeiten dürfen auch keine individuellen Ausnahmelösungen sein, sondern müssen, um die gewünschte Wirkung zeigen zu können, ausdrücklich in der internen Politik des Unternehmens verankert sein. Dadurch, dass die Grenzen der Gruppe „Verkäufer" durchlässiger werden, d. h. dass ein Wechsel in diese Gruppe und aus ihr heraus im Unternehmen leichter möglich ist, wird diese Gruppe auch nicht so relevant im sozialen Vergleich. Die Mitarbeiter werden die Aufgabe als Verkäufer eben als (temporäre) Aufgabe begreifen und nicht als möglicherweise lebenslange Fessel, vor der es kein Entrinnen gibt.

Die Effekte, die ein solch flexibler Umgang mit den Arbeitsaufgaben und Karrieremöglichkeiten hat, haben wir auch im Kapitel 5 am Beispiel der USA beschrieben. In den USA zählen Schulausbildung und berufliche Erstausbildung natürlich auch etwas, aber sie legen die Laufbahn nicht in der Weise fest wie bei uns. Es gibt auch in der Tat keinen sinnvollen Grund, bestimmte Aufgaben und Positionen im Unternehmen Menschen mit höherer Schulausbildung oder gar Akademikern vorzubehalten. Es erscheint sogar in einer Zeit, wo stetig die Praxisferne der Hochschulausbildung beklagt wird, eher paradox. Natürlich ist durch Ausbildung oder Studium erworbenes Wissen wertvoll, aber warum macht es einen Menschen grundsätzlich geeigneter für eine Position, in der auch hohe praktische Fähigkeiten erforderlich sind? Vielleicht wären viele Vorstände und Aufsichtsräte ihrem Unternehmen viel näher, wenn sie tatsächlich einmal in dem Unternehmen gearbeitet hätten.

Um möglichen Missverständnissen vorzubeugen: Wir möchten uns hier keinesfalls zu grundsätzlichen Kritikern akademischer Ausbildung aufschwingen und behaupten, die Mitarbeiter wären grundsätzlich die besseren Chefs. Wir möchten lediglich zum Nachdenken darüber anregen, ob Karrierewege und Aufgabenverteilungen im Unternehmen nicht wesentlich flexibler gestaltet werden können, als heute allgemein üblich.

6.6   Maßnahme 5: „Die Begegnung der Individuen"

Eine weitere Möglichkeit, die Spannung bei der Begegnung der Gruppen Verkäufer – Kunde aufzulösen, wäre wenn beide den anderen (d. h. vor allem die Verkäufer den Kunden) in der Begegnung nicht als Mitglied einer Gruppe, sondern als Individuum wahrnehmen würden. Geschähe dies, würden auch die Prozesse, die wir für das Aufeinandertreffen von Gruppen beschrieben haben, nicht relevant werden. Dann würden sich Individuen als Individuen und nicht als Mitglieder ihrer Gruppe begegnen. Der Verkäufer oder Mitarbeiter im Service müsste in diesem Fall darauf trainiert werden, den Kunden oder Gast als Individuum wahrzunehmen.

In der Praxis würde dies bedeuten wahrzunehmen, was diesen einzelnen Menschen ausmacht, und nicht, was seine Charakteristika für die Zuordnung zu einer bestimmten Gruppe sind. dass dies in der Praxis funktioniert, beweisen die Verkäufer-Kunden-Begegnungen, bei denen Verkäufer Bekannte bedienen. In diesem Fall wird der Kunde nicht mehr als Zugehöriger der Kunden-Gruppe wahrgenommen, sondern z. B. als Heinz Meyer, der 35 Jahre alt und verheiratet ist, eine Tochter und u. a. eine Vorliebe für dänisches Bier hat. Diesem ihm bekannten Heinz Meyer gegenüber wird sich der Verkäufer möglicherweise ganz anders verhalten als gegenüber einem anonymen Angehörigen der Gruppe der Kunden. Der uralte, und in jedem Buch zur Verkaufspsychologie nachzulesende Ratschlag, den Namen eines Kunden zu lernen, weil dies angeblich dem Kunden so sehr gefällt, hat auch den Effekt, dass der Verkäufer oder Mitarbeiter im Service lernt, diesen Kunden als Individuum wahrzunehmen. Sehr wahrscheinlich wird die Begegnung der beiden auch deshalb angenehmer.

Der Möglichkeit, Kunden als Individuen wahrzunehmen, sind aber in der Verkaufspraxis gewisse Grenzen gesetzt. Viele Verkaufsbegegnungen sind so gestaltet, dass der Verkäufer gar keine große Möglichkeit hat, individuelle Charakteristika des Kunden zu erfahren. Wenn wir an den typischen Supermarkt denken, haben die Mitarbeiter an der Kasse z. B. wenig Möglichkeiten, solches zu tun.

Die Idee an sich ist also sehr gut, aber im Unternehmen muss jeweils geprüft werden, wo und wie Mitarbeiter stärker dazu gebracht werden können, Kunden als Individuen wahrzunehmen. Die Grundlage hierfür bildet aber wieder die im Kapitel 6.2 beschriebene Maßnahme, nämlich sich als Unternehmen zunächst ein sehr deutliches Bild vom Kunden zu machen. In dieses Bild kann durchaus eingeflochten werden, dass alle Kunden Individuen sind und auch als solche behandelt werden sollen. Das Unternehmen muss aber dann den Mitarbeitern die entsprechenden Möglichkeiten zu einem solchen Verhalten geben. In der Praxis bedeutet dies zum einen Zeit für den Kunden und zum anderen das Erwecken eines grundsätzlichen Interesses an der Individualität des Kunden.

Soweit zu unseren Maßnahmenvorschlägen. Der Weg zu einem kundenorientierten Unternehmen, wie wir ihn in unseren Vorschlägen aufgezeigt haben, ist sicher kein leichter und erfordert in vielen Punkten eine Neuorientierung und Neubewertung vom Bild des Kunden, der Rolle der Mitarbeiter, der Aufgabe des Managements und der grundsätzlichen Ausrichtung des Unternehmens.

Wir wollen und können natürlich auch gar nicht irgendjemanden zwingen, sich mit solchen sicher auch unangenehmen Fragen einer Neuorientierung zu befassen. Wir würden uns aber freuen, wenn wir bis hier zum Nachdenken angeregt haben. Wir würden uns auch freuen, wenn deutlich geworden ist, dass Kundenorientierung eine dauerhafte, nie endende Aufgabe im Unternehmen ist, der man sich zunächst einmal stellen muss. Wir werden wahrscheinlich niemals erleben, dass alle Mitarbeiter einer Organisation immer gleichmäßig freundlich und zuvorkommend dem Kunden gegenüber sind. Aber wenn wir nicht anfangen, uns der Herausforderung Kundenorientierung mit neuen Denk- und Handlungsmodellen zu stellen, werden wir auch nie erleben, was eigentlich alles möglich ist.

7 Ein Praxisbeispiel

Bei allem, was wir bis hier gesagt haben, stellt sich natürlich die Frage: Wie funktioniert das denn wirklich in der Praxis? Nach der Erstauflage des Buches hatten wir die Möglichkeit, einige unserer Vorstellungen gemeinsam mit einem Unternehmen umzusetzen. Im Folgenden beschreiben wir daher zunächst das Projekt und klären dann die Frage, ob dieses Projekt Erfolge erbrachte und wenn ja, welche.

7.1 Das Beispielunternehmen

Bei dem Unternehmen handelt es sich um ein großes und erfolgreiches mittelständisches Bäckereiunternehmen. Das Unternehmen hat seinen Stammsitz im süddeutschen Raum und betreibt sehr erfolgreich gut 100 Bäckereifilialen. Das Unternehmen wird durch die Inhaberfamilie geführt. Von jeher war den Inhabern Mitarbeiterentwicklung ein wichtiges Thema. Grundsätzlich erfüllte das Unternehmen schon vor unserem Projekt etliche der Voraussetzungen für Kundenorientierung, die wir im Kapitel 6 beschrieben haben.

Im Februar und März 2001 nahmen rund 150 Mitarbeiterinnen und Mitarbeiter aus dem Verkauf an einem halbtägigen Seminar zur Kundenorientierung teil. Ziel dieses Seminars, das in einem Workshop mit den Führungskräften des Verkaufs vorbereitet wurde, war es, den teilnehmenden Mitarbeiterinnen und Mitarbeitern ein *realistisches Bild* sowohl vom Kunden, wie auch von der Rolle der Mitarbeiter im Verkauf zu vermitteln. Durch dieses realistischere Bild sollte ein *zwangloserer Umgang mit dem Kunden* und damit eine erhöhte Kundenorientierung erreicht werden. Die Grundlage des Seminars bildeten die Gedanken aus diesem Buch.

7.2 Die Maßnahme im Unternehmen

Im Seminar zur Kundenorientierung wurden innerhalb eines halben Tages in Gruppen von 15–20 Mitarbeiterinnen und Mitarbeitern die folgenden Inhalte vermittelt bzw. erarbeitet:

- Was Kundenorientierung ist und warum sie notwendig ist
- Die Grundlagen der Kommunikation und die Wirkung von inneren Bildern
- Wie bestimmte innere Bilder vom Kunden oder von der eigenen Person die Kommunikation und damit auch die Kundenorientierung hemmen
- Warum Verkäuferinnen für den Kunden wichtig sind
- Das Berufsbild der Verkäuferin
- Die „Rechte" der Verkäuferinnen im Hause
- Der Kunde als Geschäftspartner
- Die Veränderung von Denkgewohnheiten

Die Seminare wurden jeweils von einer Verkaufsleiterin oder einem Verkaufsleiter als Co-Moderator begleitet. Die Aufgabe des Co-Moderators war es vor allem, firmeninterne Dinge, wie z. B. das Berufsbild und die Rechte der Verkäuferin, darzustellen. Diese Vorgehensweise hat sich in den Seminaren sehr bewährt, da die Verkaufsleiterin als „Insider" für bestimmte Themenbereiche in hohem Maße glaubwürdig für die Teilnehmer waren.

7.3 Die Prüfung des Seminarerfolges

7.3.1 Die Gruppe der Befragten

Um den Seminarerfolg und vor allem um die möglichen Veränderungen durch das Seminar erfassen zu können, wurden rund 100 Teilnehmer gebeten, vor dem Seminar den nebenstehenden Fragebogen auszufüllen, der bestimmte

Einstellungen zum Kunden und zum Beruf misst. Rund drei Monate nach dem Training erhielten die Teilnehmer den gleichen Fragebogen noch einmal. 58 sandten auch diesen zweiten Fragebogen zurück, so dass bei dieser Gruppe Unterschiedsmessungen erfolgen konnten. Aus praktischen Gründen konnte für diese Studie keine Kontrollgruppe eingerichtet werden, so dass die Studie eher explorativen Charakter hat.

Fragebogen

Ihr persönliches Code-Wort

Trifft voll zu	*Trifft eher zu*	*Trifft eher nicht zu*	*Trifft nicht zu*
1	*2*	*3*	*4*

Zustimmung <——— Ablehnung ———>

1. Ich fühle mich bei meiner Arbeit den Kunden gegenüber kompetent und sicher 1———2———3———4
2. Es ist mir gleichgültig, was der Kunde über mich denkt 1———2———3———4
3. Für mich ist der Kunde König 1———2———3———4
4. Verkäuferin/Verkäufer zu sein, ist ein attraktiver Beruf 1———2———3———4
5. Schwierige Kunden machen mich nervös 1———2———3———4
6. Der Kunde und ich sind in der Verkaufssituation gleichberechtigt 1———2———3———4
7. Auch wenn sich Kunden nicht an bestimmte Regeln halten, sage ich lieber nichts 1———2———3———4
8. Ich fühle mich in der Situation mit dem Kunden immer wohl 1———2———3———4
9. Der Kunde hat immer recht 1———2———3———4
10. Der Kunde ist für mich wichtig 1———2———3———4
11. Es fällt mir immer leicht, zu Kunden freundlich zu sein 1———2———3———4
12. Ich fühle mich als Verkäuferin/Verkäufer dem Kunden gegenüber oft unterlegen 1———2———3———4
13. Ich muss zu allen Kunden immer freundlich sein 1———2———3———4
14. Der Kunde und ich sind gleichberechtigte Geschäftspartner 1———2———3———4
15. Wenn sich Kunden über mich beschweren würden, fände ich das sehr schlimm 1———2———3———4
16. Ich darf den Kunden darauf hinweisen, wenn sie/er sich mir gegenüber „daneben" benimmt 1———2———3———4

17. Ich bin immer freundlich und zuvorkommend
    zu Kunden   1———2———3———4
18. Ich bin wichtig für den Kunden   1———2———3———4
19. Ich arbeite gerne im Verkauf   1———2———3———4
20. Manchmal möchte ich am liebsten
    keine Kunden mehr sehen   1———2———3———4
21. Der Kunde hat mehr Rechte als ich   1———2———3———4

Und zum Schluss noch einige Fragen für die Statistik:

22. Wie lange arbeiten Sie schon bei (Name des Unternehmens)?
    (Zutreffendes bitte ankreuzen)
    ☐ Weniger als ein Jahr
    ☐ Ein bis zwei Jahre
    ☐ Zwei bis vier Jahre
    ☐ Mehr als vier Jahre
23. Haben Sie eine Position als Filialleiterin/Filialleiter, Erstverkäuferin/Erstverkäufer bzw. eine ähnliche Position? (Zutreffendes bitte ankreuzen)
    ☐ Ja
    ☐ Nein
24. Wie alt sind Sie? (Zutreffendes bitte ankreuzen)
    ☐ Unter 20 Jahre
    ☐ 20 bis 30 Jahre
    ☐ 31 bis 45 Jahre
    ☐ Über 45 Jahre
25. Möchten Sie zum Seminar Kundenorientierung noch etwas sagen?
    _____
    _____
    _____

Vielen Dank für die Zusammenarbeit! :-)

Die Messgruppe mit 58 Personen lässt sich wie folgt näher charakterisieren:

Führungsverantwortung als Filialleiter/in oder Erstverkäufer/in
Ja = 32; Nein = 24; keine Angaben = 2
Dauer der Firmenzugehörigkeit
Weniger als 1 Jahr = 5; 1 bis 2 Jahre = 14; 2 bis 4 Jahre = 18;
mehr als 4 Jahre = 19; keine Angaben = 2
Altersgruppe
Unter 20 jahren = 2; 20 bis 30 Jahre = 22; 30 bis 45 Jahre = 20;
über 45 Jahre = 12; keine Angaben = 2

7.3.2 Die Ergebnisse in der Gesamtgruppe

Im Folgenden sind die Mittelwerte der Antworten für die einzelnen Fragen dargestellt. Die Skala reicht von 1 (= maximale Zustimmung) bis zu 4 (= maximale Ablehnung). Neben den Mittelwerten sind auch die sog. Standardabweichungen (S) dargestellt, die zeigen, in welcher Breite die Werte um den Mittelwert streuen.

Für die gesamte Gruppe ergeben sich über die beiden Messzeitpunkte die folgenden Ergebnisse:

Aussage	Gesamtgruppe (58) Messung 1		Gesamtgruppe (58) Messung 2	
	Mittelwert	Standardabweichung	Mittelwert	Standardabweichung
1. Ich fühle mich bei meiner Arbeit den Kunden gegenüber kompetent und sicher	1,5345	,5987	1,3448	,5148
2. Es ist mir gleichgültig, was der Kunde über mich denkt	3,1786	,9555	2,9474	,9528
3. Für mich ist der Kunde König	1,8793	,8393	2,7759	1,0267
4. Verkäuferin/Verkäufer zu sein, ist ein attraktiver Beruf	1,8621	,9071	1,6724	,8032
5. Schwierige Kunden machen mich nervös	2,9123	1,0737	3,0517	,9629
6. Der Kunde und ich sind in der Verkaufssituation gleichberechtigt	1,9828	,8270	1,4828	,7549
7. Auch wenn sich Kunden nicht an bestimmte Regeln halten, sage ich lieber nichts	2,5614	,9262	2,8966	,9857
8. Ich fühle mich in der Situation mit dem Kunden immer wohl	1,9483	,7356	1,8214	,5755
9. Der Kunde hat immer recht	2,6724	,9059	3,0526	,8747

Aussage	Gesamtgruppe (58) Messung 1		Gesamtgruppe (58) Messung 2	
	Mittelwert	Standardabweichung	Mittelwert	Standardabweichung
10. Der Kunde ist für mich wichtig	1,1207	,3286	1,1724	,3810
11. Es fällt mir immer leicht, zu Kunden freundlich zu sein	1,6207	,6442	1,5172	,5694
12. Ich fühle mich als Verkäuferin/ Verkäufer dem Kunden gegenüber oft unterlegen	3,3509	,7904	3,3621	,9309
13. Ich muss zu allen Kunden immer freundlich sein	1,4828	,7549	1,4828	,7313
14. Der Kunde und ich sind gleichberechtigte Geschäftspartner	1,7586	,8647	1,3103	,5984
15. Wenn sich Kunden über mich beschweren würden, fände ich das sehr schlimm	2,4655	1,0466	2,3793	1,0895
16. Ich darf den Kunden darauf hinweisen, wenn sie/er sich mir gegenüber „daneben" benimmt	2,1724	,9758	1,4828	,7313
17. Ich bin immer freundlich und zuvorkommend zu Kunden	1,3966	,4935	1,4138	,4968
18. Ich bin wichtig für den Kunden	1,4912	,7102	1,3103	,5684
19. Ich arbeite gerne im Verkauf	1,1034	,3072	1,1552	,3652
20. Manchmal möchte ich am liebsten keine Kunden mehr sehen	3,0172	1,1001	3,0364	,916
21. Der Kunde hat mehr Rechte als ich	2,8276	1,0111	3,2364	,9019

Unabhängig vom Training zeigen sich in der ersten Messung Ausgangsmeinungen, die bereits im Sinne des Trainings sind. Dies gilt für die folgenden Aussagen:

Aussage	Kommentar
1. Ich fühle mich bei meiner Arbeit den Kunden gegenüber kompetent und sicher	Hier ist die Zustimmung am Anfang bereits so hoch, dass durch ein Training nur noch geringe Effekte zu erwarten sind
10. Der Kunde ist für mich wichtig	Hier ist die Zustimmung am Anfang bereits so hoch, dass durch ein Training nur noch geringe Effekte zu erwarten sind
13. Ich muss zu allen Kunden immer freundlich sein	Hier ist die Zustimmung am Anfang bereits so hoch, dass durch ein Training nur noch geringe Effekte zu erwarten sind
17. Ich bin immer freundlich und zuvorkommend zu Kunden	Hier ist die Zustimmung am Anfang bereits so hoch, dass durch ein Training nur noch geringe Effekte zu erwarten sind
18. Ich bin wichtig für den Kunden	Hier ist die Zustimmung am Anfang bereits so hoch, dass durch ein Training nur noch geringe Effekte zu erwarten sind

Auf den ersten Blick ergeben sich dann in allen Mittelwerten zwischen der ersten und zweiten Messung Veränderungen. Die Mittelwerte wurden im Folgenden statistischen Prüfverfahren (T-Test für abhängige Stichproben) unterzogen, um zu überprüfen, welche Mittelwertabweichung zufällig und welche tatsächlich überzufällig ist, also eindeutig abweicht. „Eindeutig" bedeutet in diesem und in den folgenden Fällen, dass sich der Durchschnittswert der Gesamtgruppe signifikant verändert hat. Bei den nicht-signifikanten Veränderungen ist es durchaus möglich, dass sich einzelne Teilnehmer stark verändert haben, andere aber nicht oder nur sehr wenig. Dies wirkt sich dann nicht-signifikant auf den Gruppenmittelwert aus.

Eindeutige Veränderungen lassen sich bei den folgenden Aussagen ausmachen:

Aussage	Kommentar
1. Ich fühle mich bei meiner Arbeit den Kunden gegenüber kompetent und sicher	Die Teilnehmer stimmen dieser Aussage nach dem Training signifikant stärker zu als vorher
3. Für mich ist der Kunde König	Die Teilnehmer lehnen diese Aussage nach dem Training signifikant stärker ab als vorher

Aussage	Kommentar
4. Verkäuferin/Verkäufer zu sein, ist ein attraktiver Beruf	Die Teilnehmer stimmen dieser Aussage nach dem Training signifikant stärker zu als vorher
6. Der Kunde und ich sind in der Verkaufssituation gleichberechtigt	Die Teilnehmer stimmen dieser Aussage nach dem Training signifikant stärker zu als vorher
7. Auch wenn sich Kunden nicht an bestimmte Regeln halten, sage ich lieber nichts	Die Teilnehmer lehnen diese Aussage nach dem Training signifikant stärker ab als vorher
9. Der Kunde hat immer recht	Die Teilnehmer lehnen diese Aussage nach dem Training signifikant stärker ab als vorher
14. Der Kunde und ich sind gleichberechtigte Geschäftspartner	Die Teilnehmer stimmen dieser Aussage nach dem Training signifikant stärker zu als vorher
16. Ich darf den Kunden darauf hinweisen, wenn sie/er sich mir gegenüber „daneben" benimmt	Die Teilnehmer stimmen dieser Aussage nach dem Training signifikant stärker zu als vorher
18. Ich bin wichtig für den Kunden	Die Teilnehmer stimmen dieser Aussage nach dem Training signifikant stärker zu als vorher
21. Der Kunde hat mehr Rechte als ich	Die Teilnehmer lehnen diese Aussage nach dem Training signifikant stärker ab als vorher

Interessant ist es im Vergleich zu sehen, bei welchen Punkten sich nach dem Seminar keinerlei Änderungen ergeben haben. Dies sind die Folgenden:

Aussage	Kommentar
12. Ich fühle mich als Verkäuferin/Verkäufer dem Kunden gegenüber oft unterlegen	Die Teilnehmer lehnen diese Aussage nach dem Training genauso ab, wie vorher
13. Ich muss zu allen Kunden immer freundlich sein	Die Teilnehmer stimmen dieser Aussage nach dem Training genauso zu wie vorher
17. Ich bin immer freundlich und zuvorkommend zur Kunden	Die Teilnehmer stimmen dieser Aussage nach dem Training genauso zu wie vorher
20. Manchmal möchte ich am liebsten keine Kunden mehr sehen	Die Teilnehmer lehnen diese Aussage nach dem Training genauso ab wie vorher

Rund drei Monate nach dem Training haben sich also Einstellungen gegenüber dem Kunden deutlich verändert. Wie in der Planung gewollt, ist insgesamt das „Gefälle" zwischen Verkäuferin und Kunde abgebaut, das Selbstbewusstsein der Verkäuferin deutlicher und der Beruf wird als attraktiver empfunden. Dies hat interessanterweise keinerlei negative Auswirkungen auf das Verhalten gegenüber dem Kunden: Trotz eines veränderten Bildes vom Kunden haben sich die Einstellungen im Bezug auf Freundlichkeit nicht verändert bzw. sind gleichbleibend hoch.

7.3.3 Die Ergebnisse für Führungskräfte und Nicht-Führungskräfte

Für eine genauere Analyse der Ergebnisse wurde die Gesamtgruppe von 58 Personen in Führungskräfte (Filialleiter/in und Erstverkäufer/in) und Nicht-Führungskräfte aufgeteilt. Beim Vergleich der Mittelwerte dieser Gruppen fällt zunächst auf, dass die Führungskräfte die „bessere Ausgangsbasis" haben, d. h. die Einstellung zum Kunden und zur Wahrnehmung der eigenen Person sind bereits vor dem Training näher an den Trainingszielen, als es die Meinungen in der Gruppe der Nicht-Führungskräfte sind.

Diese beiden Gruppen unterscheiden sich hinsichtlich einiger Meinungen signifikant voneinander. Vor den Messergebnissen werden diese Unterschiede dargestellt.

7.3.3.1 Unterschiede zwischen den beiden Gruppen

Vor und nach dem Training unterscheiden sich Führungskräfte und Nicht-Führungskräfte hinsichtlich ihrer Antwort bei den folgenden Aussagen:

Vor dem Training

Aussage	Kommentar
1. Ich fühle mich bei meiner Arbeit dem Kunden gegenüber kompetent und sicher	Führungskräfte stimmen dieser Aussage signifikant stärker zu als Nicht-Führungskräfte
2. Es ist mir gleichgültig, was der Kunde über mich denkt	Führungskräfte lehnen diese Aussage signifikant stärker ab als Nicht-Führungskräfte
7. Auch wenn sich Kunden nicht an bestimmte Regeln halten, sage ich lieber nichts	Führungskräfte lehnen diese Aussage signifikant stärker ab als Nicht-Führungskräfte
17. Ich bin immer freundlich und zuvorkommend zu Kunden	Führungskräfte stimmen dieser Aussage signifikant stärker zu als Nicht-Führungskräfte
18. Ich bin wichtig für den Kunden	Führungskräfte stimmen dieser Aussage signifikant stärker zu als Nicht-Führungskräfte

Nach dem Training

Aussage	Kommentar
1. Ich fühle mich bei meiner Arbeit dem Kunden gegenüber kompetent und sicher	Führungskräfte stimmen dieser Aussage signifikant stärker zu als Nicht-Führungskräfte
2. Es ist mir gleichgültig, was der Kunde über mich denkt	Führungskräfte lehnen diese Aussage signifikant stärker ab als Nicht-Führungskräfte
6. Der Kunde und ich sind in der Verkaufssituation gleichberechtigt	Führungskräfte stimmen dieser Aussage signifikant stärker zu als Nicht-Führungskräfte
7. Auch wenn sich Kunden nicht an bestimmte Regeln halten, sage ich lieber nichts	Führungskräfte lehnen diese Aussage signifikant stärker ab als Nicht-Führungskräfte
10. Der Kunde ist für mich wichtig	Führungskräfte stimmen dieser Aussage signifikant stärker zu als Nicht-Führungskräfte
16. Ich darf den Kunden darauf hinweisen, wenn sie/er sich mir gegenüber „daneben" benimmt	Führungskräfte stimmen dieser Aussage signifikant stärker zu als Nicht-Führungskräfte
18. Ich bin wichtig für den Kunden	Führungskräfte stimmen dieser Aussage signifikant stärker zu als Nicht-Führungskräfte
21. Der Kunde hat mehr Rechte als ich	Führungskräfte lehnen diese Aussage signifikant stärker ab als Nicht-Führungskräfte

Die Führungskräfte hatten, zusammenfassend gesagt, in etlichen Punkten in Bezug auf die Trainingsziele die „bessere Ausgangsposition" und für sie gilt, vereinfacht gesprochen, dass durch das Training gute Leute besser werden. Und in der Gruppe der Nicht-Führungskräfte wird tatsächlich das Niveau angehoben.

Die gefundenen Ergebnisse unterstreichen die theoretische Annahme, dass eine Führungsposition zu einem anderen Bild vom Kunden und Selbstbild führt als die Position als Nicht-Führungskraft.

7.3.3.2 Die Ergebnisse für die Führungskräfte

Die folgende Tabelle zeigt alle Ergebnisse im Überblick:

Aussage	Führungskräfte (32) Messung 1		Führungskräfte (32) Messung 2	
	Mittelwert	Standardabweichung	Mittelwert	Standardabweichung
1. Ich fühle mich bei meiner Arbeit den Kunden gegenüber kompetent und sicher	1,3750	,4919	1,1563	,3689
2. Es ist mir gleichgültig, was der Kunde über mich denkt	3,3438	,9019	3,2188	,7507
3. Für mich ist der Kunde König	1,9688	,9327	3,0000	,9504
4. Verkäuferin/Verkäufer zu sein, ist ein attraktiver Beruf	1,7500	,7620	1,6563	,6530
5. Schwierige Kunden machen mich nervös	3,0323	1,0160	2,9688	1,0621
6. Der Kunde und ich sind in der Verkaufssituation gleichberechtigt	1,9375	,8400	1,3438	,6016
7. Auch wenn sich Kunden nicht an bestimmte Regeln halten, sage ich lieber nichts	2,8125	,7803	3,1875	,8958

Aussage	Führungskräfte (32) Messung 1		Führungskräfte (32) Messung 2	
	Mittelwert	Standardabweichung	Mittelwert	Standardabweichung
8. Ich fühle mich in der Situation mit dem Kunden immer wohl	1,9687	,6949	1,8667	,6288
9. Der Kunde hat immer recht	2,7500	,9158	3,0312	,9327
10. Der Kunde ist für mich wichtig	1,1250	,3360	1,0938	,2961
11. Es fällt mir immer leicht, zu Kunden freundlich zu sein	1,5625	,6189	1,5000	,5080
12. Ich fühle mich als Verkäuferin/ Verkäufer dem Kunden gegenüber oft unterlegen	3,5313	,6713	3,4063	,7976
13. Ich muss zu allen Kunden immer freundlich sein	1,5625	,8007	1,5625	,8007
14. Der Kunde und ich sind gleichberechtigte Geschäftspartner	1,6563	,8273	1,2188	,4908
15. Wenn sich Kunden über mich beschweren würden, fände ich das sehr schlimm	2,6250	1,0701	2,5938	1,1319
16. Ich darf den Kunden darauf hinweisen, wenn sie/er sich mir gegenüber „daneben" benimmt	2,0313	,9327	1,2813	,4568
17. Ich bin immer freundlich und zuvorkommend zur Kunden	1,3125	,4709	1,3750	,4919
18. Ich bin wichtig für den Kunden	1,2903	,6426	1,1875	,4709
19. Ich arbeite gerne im Verkauf	1,0938	,2961	1,1250	,3360
20. Manchmal möchte ich am liebsten keine Kunden mehr sehen	2,9688	1,2044	3,2188	,9064
21. Der Kunde hat mehr Rechte als ich	3,0313	,9667	3,5312	,7177

Wie bei den Gesamtergebnissen wurden auch diese Werte statistischen Prüfverfahren (T-Test) unterzogen, um zu überprüfen, welche Mittelwertabweichung zufällig und welche tatsächlich überzufällig ist, also eindeutig abweicht.

Eindeutige Veränderungen in der Gruppe der Führungskräfte lassen sich bei den folgenden Aussagen ausmachen:

Aussage	Kommentar
1. Ich fühle mich bei meiner Arbeit den Kunden gegenüber kompetent und sicher	Die Führungskräfte stimmen dieser Aussage nach dem Training signifikant stärker zu als vorher
3. Für mich ist der Kunde König	Die Führungskräfte lehnen diese Aussage nach dem Training signifikant stärker ab als vorher
6. Der Kunde und ich sind in der Verkaufssituation gleichberechtigt	Die Führungskräfte stimmen dieser Aussage nach dem Training signifikant stärker zu als vorher
7. Auch wenn sich Kunden nicht an bestimmte Regeln halten, sage ich lieber nichts	Die Führungskräfte lehnen diese Aussage nach dem Training signifikant stärker ab als vorher
14. Der Kunde und ich sind gleichberechtigte Geschäftspartner	Die Führungskräfte stimmen dieser Aussage nach dem Training signifikant stärker zu als vorher
16. Ich darf den Kunden darauf hinweisen, wenn sie/er sich mir gegenüber „daneben" benimmt	Die Führungskräfte stimmen dieser Aussage nach dem Training signifikant stärker zu als vorher
21. Der Kunde hat mehr Rechte als ich	Die Führungskräfte lehnen diese Aussage nach dem Training signifikant stärker ab als vorher

Keinerlei Änderungen ergaben sich bei den folgenden Aussagen:

Aussage	Kommentar
5. Schwierige Kunden machen mich nervös	Die Führungskräfte lehnen diese Aussage nach dem Training genauso ab, wie vorher
13. Ich muss zu allen Kunden immer freundlich sein	Die Führungskräfte stimmen dieser Aussage nach dem Training genauso zu, wie vorher
15. Wenn sich Kunden über mich beschweren würden, fände ich das sehr schlimm	Die Führungskräfte lehnen dieser Aussage nach dem Training genauso ab, wie vorher

Bei den Führungskräften zeigen sich ähnliche Ergebnisse, wie in der Gesamtgruppe. Die Einstellung zum Kunden zur eigenen Person ist realistischer und „mutiger" geworden, Freundlichkeit gegenüber dem Kunden bleibt aber als hoher Wert erhalten.

7.3.3.3 Die Ergebnisse für die Nicht-Führungskräfte

Die folgende Tabelle zeigt alle Ergebnisse im Überblick:

Aussage	Nicht-Führungskräfte (24) Messung 1		Nicht-Führungskräfte (24) Messung 2	
	Mittelwert	Standardabweichung	Mittelwert	Standardabweichung
1. Ich fühle mich bei meiner Arbeit den Kunden gegenüber kompetent und sicher	1,7083	,6241	1,5833	,5836
2. Es ist mir gleichgültig, was der Kunde über mich denkt	2,8636	,9902	2,4783	1,0388
3. Für mich ist der Kunde König	1,7500	,6757	2,3750	1,0135
4. Verkäuferin/Verkäufer zu sein, ist ein attraktiver Beruf	2,0000	1,1034	1,7500	,9891
5. Schwierige Kunden machen mich nervös	2,8750	1,1156	3,1250	,8502
6. Der Kunde und ich sind in der Verkaufssituation gleichberechtigt	2,0417	,8587	1,7083	,9079
7. Auch wenn sich Kunden nicht an bestimmte Regeln halten, sage ich lieber nichts	2,2609	1,0098	2,5417	1,0206
8. Ich fühle mich in der Situation mit dem Kunden immer wohl	1,8750	,7974	1,7500	,5316
9. Der Kunde hat immer recht	2,6250	,8754	3,0000	,7977

Ein Praxisbeispiel

Aussage	Nicht-Führungskräfte (24) Messung 1		Nicht-Führungskräfte (24) Messung 2	
	Mittelwert	Standardabweichung	Mittelwert	Standardabweichung
10. Der Kunde ist für mich wichtig	1,1250	,3378	1,2917	,4643
11. Es fällt mir immer leicht, zu Kunden freundlich zu sein	1,6667	,6370	1,5000	,5898
12. Ich fühle mich als Verkäuferin/Verkäufer dem Kunden gegenüber oft unterlegen	3,2609	,7518	3,2917	1,1221
13. Ich muss zu allen Kunden immer freundlich sein	1,3333	,6370	1,3750	,6469
14. Der Kunde und ich sind gleichberechtigte Geschäftspartner	1,9583	,9079	1,4583	,7211
15. Wenn sich Kunden über mich beschweren würden, fände ich das sehr schlimm	2,2083	,9771	2,1250	,9918
16. Ich darf den Kunden darauf hinweisen, wenn sie/er sich mir gegenüber „daneben" benimmt	2,4167	1,0180	1,7917	,9315
17. Ich bin immer freundlich und zuvorkommend zur Kunden	1,5417	,5090	1,4583	,5090
18. Ich bin wichtig für den Kunden	1,7917	,7211	1,5000	,6594
19. Ich arbeite gerne im Verkauf	1,0833	,2823	1,1667	,3807
20. Manchmal möchte ich am liebsten keine Kunden mehr sehen	3,0833	1,0180	2,7826	,9980
21. Der Kunde hat mehr Rechte als ich	2,5417	1,0206	2,8261	,9841

Wie bei den obigen Ergebnissen wurden auch diese Werte statistischen Prüfverfahren (T-Test) unterzogen.

Eindeutige Veränderungen in der Gruppe der Nicht-Führungskräfte lassen sich bei den folgenden Aussagen ausmachen:

Aussage	Kommentar
3. Für mich ist der Kunde König	Die Nicht-Führungskräfte lehnen diese Aussage nach dem Training signifikant stärker ab als vorher
6. Der Kunde und ich sind in der Verkaufssituation gleichberechtigt	Die Nicht-Führungskräfte stimmen dieser Aussage nach dem Training signifikant stärker zu als vorher
9. Der Kunde hat immer recht	Die Nicht-Führungskräfte lehnen diese Aussage nach dem Training signifikant stärker ab als vorher
14. Der Kunde und ich sind gleichberechtigte Geschäftspartner	Die Nicht-Führungskräfte stimmen dieser Aussage nach dem Training signifikant stärker zu als vorher
16. Ich darf den Kunden darauf hinweisen, wenn sie/er sich mir gegenüber „daneben" benimmt	Die Nicht-Führungskräfte stimmen dieser Aussage nach dem Training signifikant stärker zu als vorher
18. Ich bin wichtig für den Kunden	Die Nicht-Führungskräfte stimmen dieser Aussage nach dem Training signifikant stärker zu als vorher

Keinerlei Änderungen ergaben sich bei folgenden beiden Aussagen:

Aussage	Kommentar
12. Ich fühle mich als Verkäuferin/ Verkäufer dem Kunden gegenüber oft unterlegen	Die Nicht-Führungskräfte lehnen diese Aussage nach dem Training genauso ab, wie vorher
13. Ich muss zu allen Kunden immer freundlich sein	Die Nicht-Führungskräfte stimmen dieser Aussage nach dem Training genauso zu, wie vorher

Auch hier zeigen sich die bereits oben beschriebenen Effekte. Die Äußerungen und Meinungen zum Selbstbewusstsein und die Sichtweise vom Kunden haben sich entsprechend der Trainingsziele verändert, die Einstellung zur Freundlichkeit ist unverändert hoch.

7.3.4 Der Einfluss von Dauer der Firmenzugehörigkeit und Lebensalter

In weiteren Untersuchungen wurde überprüft, inwieweit Firmenzugehörigkeit und Lebensalter Unterschiede in den Einstellungen ausmachen. Aufgrund der relativ geringen Zahl der Befragten wurden für die Untersuchungen Gruppen zusammengefasst. Es wurden jeweils zwei Gruppen (Firmenzugehörigkeit bis bzw. über zwei Jahre und Lebensalter unter bzw. über 30 Jahre) gebildet.

Nach diesem Vergleich hat die Firmenzugehörigkeit nur einen relativ geringen Einfluss auf die erfragten Meinungen. Signifikante Unterschiede lassen sich vor und nach dem Training nur hinsichtlich der folgenden Punkte ausmachen:

Vor dem Training

Aussage	Kommentar
5. Schwirige Kunden machen mich nervös	Personen mit einer Zugehörigkeit von mehr als zwei Jahren lehnen diese Aussage stärker ab als Personen mit einer geringeren Firmenzugehörigkeit
18. Ich bin wichtig für den Kunden	Personen mit einer Zugehörigkeit von mehr als zwei Jahren stimmen dieser Aussage stärker zu als Personen mit einer geringeren Firmenzugehörigkeit
19. Ich arbeite gern im Verkauf	Personen mit einer Zugehörigkeit von mehr als zwei Jahren stimmen dieser Aussage stärker zu als Personen mit einer geringeren Firmenzugehörigkeit

Hinsichtlich des Unterschieds bei Aussage 19 ist zu beachten, dass die Zustimmung in beiden Gruppen grundsätzlich sehr hoch ausfällt.

Nach dem Training

Aussage	Kommentar
1. Ich fühle mich bei meiner Arbeit dem Kunden gegenüber kompetent und sicher	Personen mit einer Zugehörigkeit von mehr als zwei Jahren stimmen dieser Aussage stärker zu als Personen mit einer geringeren Firmenzugehörigkeit
10. Der Kunde ist für mich wichtig	Personen mit einer Zugehörigkeit von mehr als zwei Jahren stimmen dieser Aussage stärker zu als Personen mit einer geringeren Firmenzugehörigkeit
18. Ich bin wichtig für den Kunden	Personen mit einer Zugehörigkeit von mehr als zwei Jahren stimmen dieser Aussage stärker zu als Personen mit einer geringeren Firmenzugehörigkeit

Hinsichtlich aller aufgeführten Unterschiede nach dem Training ist allerdings zu beachten, dass die Zustimmung in beiden Gruppen grundsätzlich sehr hoch ausfällt.

Bemerkenswert ist, dass sich nach dem Training keine Unterschiede mehr hinsichtlich der Nervosität bei schwierigen Kunden und bei der Einstellung zur Arbeit („Ich arbeite gern im Verkauf") ergeben. Hier hat sich die Gruppe mit der geringeren Firmenzugehörigkeit angenähert.

Trennt man die Gruppen nach dem Lebensalter, ergeben sich die folgenden Unterschiede:

Vor dem Training

Aussage	Kommentar
8. Ich fühle mich in der Situation mit dem Kunden immer wohl	Personen mit einem Alter über 30 Jahre stimmen dieser Aussage stärker zu als Personen mit einem geringeren Alter
10. Der Kunde ist für mich wichtig	Personen mit einem Alter über 30 Jahre stimmen dieser Aussage stärker zu als Personen mit einem geringeren Alter

Aussage	Kommentar
12. Ich fühle mich als Verkäuferin/ Verkäufer dem Kunden gegenüber oft unterlegen	Personen mit einem Alter über 30 Jahre lehnen diese Aussage stärker ab als Personen mit einem geringeren Alter
13. Ich muss zu allen Kunden immer freundlich sein	Personen mit einem Alter über 30 Jahre stimmen dieser Aussage stärker zu als Personen mit einem geringeren Alter
20. Manchmal möchte ich am liebsten keine Kunden mehr sehen	Personen mit einem Alter über 30 Jahre lehnen diese Aussage stärker ab als Personen mit einem geringeren Alter

Hinsichtlich den Unterschieden bei den Aussagen 10 und 13 ist zu beachten, dass die Zustimmung in beiden Gruppen grund-sätzlich sehr hoch ausfällt.

Nach dem Training

Aussage	Kommentar
8. Ich fühle mich in der Situation mit dem Kunden immer wohl	Personen mit einem Alter über 30 Jahre stimmen dieser Aussage stärker zu, als Personen mit einem geringeren Alter
17. Ich bin immer freundlich und zuvorkommend zu Kunden	Personen mit einem Alter über 30 Jahre stimmen dieser Aussage stärker zu, als Personen mit einem geringeren Alter

Hinsichtlich des Unterschieds bei Aussage 8 ist zu beachten, dass die Zustimmung in beiden Gruppen grundsätzlich sehr hoch ausfällt.

Interessanterweise haben sich die Einstellungen der Personen mit einem Lebensalter unter 30 Jahren nach dem Training an die Meinungen der Personen mit einem höheren Lebensalter angeglichen.

Zusammenfassend lässt sich sagen, dass sich Dauer der Firmenzugehörigkeit und Lebensalter positiv auf die Einstellungen gegenüber dem Kunden und das Selbstbewusstsein bezüglich der eigenen Position auswirken. Durch das Seminar werden diese Unterschiede aber weitgehend ausgeglichen.

7.4 Rückmeldungen der Teilnehmer

Im zweiten Fragebogen, drei Monate nach dem Seminar, wurden die Teilnehmer auch gefragt, ob sie zu dem Seminar noch etwas sagen wollten. Die folgenden Punkte wurden von den Teilnehmern genannt:

- „Das Seminar hat mir neue Erkenntnisse gebracht. Danke!"
- „Dieses Seminar hat mir wenig gebracht. Entweder man fühlt sich im Umgang mit Kunden wohl und hat Freude an seinem Beruf oder aber nicht, dann sollte man es lassen."
- „Fand interessant, dass Kunde und ich gleichberechtigt sind. Von der Atmosphäre her etwas trocken."
- „Für mich war es nicht sehr aufschlussreich, also nichts Neues."
- „Hat mir gut gefallen, war sehr aufschlussreich."
- „Hat mir persönlich was gebracht, weil man an seine Fehler erinnert wird und woran man arbeiten sollte."
- „Hier war ich die gleichberechtigte Verkäuferin, die Realität sieht leider etwas anders aus."
- „Ich werde so bleiben, wie ich bin, denn so mögen mich meine Kunden am liebsten."
- „Kunde ist Geschäftspartner für mich, ich bin genauso wichtig. Danke."
- „Seminar hat uns Möglichkeit gebracht, unsere Kunden als Gleichberechtigte zu sehen, Menschen die an unseren Fachkenntnissen interessiert sind und diese schätzen."
- „Seminar ist für neue, ungelernte MA die Möglichkeit, ihre Stellung gegenüber Kunden zu festigen und sich wohlzufühlen."

- „Seminar war interessant und ermutigend, da es mir Bestätigung gab, dass Kunde nicht König ist."
- „Situationen mit Kunden näher erläutern, evt. Kundengespräche, Beispiele aus dem Leben diskutieren, Verhalten analysieren."
- „Solche Seminare sollte es öfter geben, auch für Verkäuferinnen, denen ihr Beruf nicht gefällt. Es war sehr aufschlussreich, leider zu kurz."
- „War interessant zu wissen, dass Kunde nicht König, sondern Geschäftspartner ist."
- „War sehr aufschlussreich, manches neu und stärkt das Selbstwertgefühl im Verkauf."
- „War sehr interessant und hat mich zum Nachdenken angeregt, ich sehe jetzt doch einiges aus anderem Blickwinkel."
- „War sehr schön und hat Spaß gemacht."
- „Wurde in meiner Meinung bestätigt, dass der Kunde nur dann König ist, solange wie er sich als König benimmt."

7.5 Fazit der Erfolgsmessung

Die Ergebnisse zeigen, dass sich mit dem durchgeführten Seminar deutliche Effekte im Bereich der Einstellungsänderung erzielen lassen. Da die Effekte rund drei Monate nach dem Seminar gemessen wurden, ist auch von relativ stabilen Effekten auszugehen. Grundsätzlich verändert das Seminar Einstellungen und Meinungen bei allen Teilnehmergruppen. Sehr bemerkenswert ist dabei, dass die beschriebene Maßnahme vergleichsweise unaufwendig war. Überlegt man, dass ein Halbtagesseminar mit diesem Inhalt nachweislich die Einschätzung der eigenen Sicherheit und Kompetenz verbessern oder die Wahrnehmung bezüglich der Attraktivität des Berufs positiv beeinflussen, ist dies ein erstaunlich gutes Ergebnis. Dies umso mehr, wenn man bedenkt, dass Kompetenz und Sicherheit gar nicht explizit Teil des Seminars waren.

Speziell für die untersuchten Teilnehmer gilt allerdings, dass die Führungskräfte wie auch die Mitarbeiter mit einer längeren Unternehmenszugehörigkeit bereits auf einem relativ hohen Niveau standen. Die Effekte nach dem Seminar sind in diesen Gruppen zwar nachweisbar, die Verbesserung bzw. Veränderung fällt aber geringer aus als in anderen Gruppen. Am meisten profitieren von dem Seminar Mitarbeiter, die kürzer im Unternehmen und nicht in Führungspositionen sind.

Insgesamt bestätigen die Ergebnisse aber die Thesen und Überlegungen, die in den Kapiteln 1 bis 6 getroffen wurden.

8 Zusammenfassung

Kundenorientierung ist in Not. Zahlreiche Veröffentlichungen der letzten Jahre beklagen die wachsende Unfreundlichkeit und den mangelnden Service dem Kunden gegenüber. Gleichzeitig starten zahlreiche Unternehmen umfangreiche und kostenintensive Schulungsprogramme, um ihre Mitarbeiter endlich kundenorientierter werden zu lassen. Viele dieser Programme versickern aber in der scheinbaren Wüste der „Kundenunlust". Sie versickern, ohne dass jemals wirklich klar wird, warum eigentlich. Wehmütig blicken die Paten solcher Kundenorientierungsprogramme in Länder wie die USA oder Japan, wo es doch scheinbar so viel besser ist.

Dieses Buch näherte sich dem Thema Kundenorientierung aus einer sozialpsychologischen Perspektive. In den neueren Forschungen der Sozialpsychologie finden sich auch Erklärungen für das Dilemma Kundenorientierung. Verkürzt formuliert: Viele Unternehmen präsentieren ihren Mitarbeitern den Kunden als das Überwesen schlechthin. Für den Kunden wird alles getan, er ist der Ernährer des Unternehmens, der Garant des Arbeitsplatzes, der Herrscher über Leben und Tod – er ist der König. Die Mitarbeiter in Verkauf und Service sind bestenfalls willige Diener des Königs, in den meisten Fällen aber faule und unfreundliche Zeitgenossen, die das Weite suchen, wenn der König das Feld betritt. Diese Polarisierung kann zu keiner gesunden und beiderseitig fruchtbaren Beziehung werden. Der mit dem Überwesen König-Kunde konfrontierte Mitarbeiter muss zwangsläufig zu Maßnahmen greifen, die dieses Machtgefälle entkräften.

Diese Maßnahmen lassen sich in unterschiedliche Strategien aufteilen: Der Mitarbeiter kann der Interaktion mit dem

Kunden einfach ausweichen und sich der Situation entziehen. Der Mitarbeiter kann, wenn er sich auf die Interaktion einlässt, seine Macht gegenüber dem Kunden demonstrieren indem er seine fachliche Überlegenheit zur Schau stellt oder den Kunden durch unfreundliche Behandlung abwerten. Letztendlich sind diese Verhaltensweisen aber immer Strategien, die das Selbstwertgefühl des Mitarbeiters in der Interaktion zwischen König und Verkäufer schützen.

Vordergründig klingt dies wieder nach einem persönlichen Problem des Mitarbeiters im Service. In Wirklichkeit, und dies lässt sich durch die sozialpsychologische Forschung zweifelsfrei belegen, ist es ein Problem, das durch das System (das Unternehmen) mitgeschaffen und verschärft wird. Die Lösungswege sind daher auch zunächst nicht in individuell ansetzenden Trainingsmaßnahmen zu suchen, sondern in Veränderungen in der Organisation an sich; Veränderungen, die die Mitarbeiter im Service als Personen und als Gruppe aufwerten und stärken.

9 Statt eines Ausblicks: Das Happy End des Märchens vom König Kunde

In der Mitte des Geschehens aber stand der einsame „König-Kunde", den niemand jemals gefragt hatte, ob er eigentlich König sein wollte. Und in diesem Augenblick geschah das Wunder, ohne das Märchen nun einmal nicht auskommen. Die Fee des Services betrat die Szene und erhellte sie mit ihrem strahlenden Licht und alle, die das Licht berührten, ob unglückliche Kunden-Könige, griesgrämige Diener im Service oder verzweifelte Manager erkannten, dass es auch anders sein könnte. Und sie sahen, dass es Arbeit und Zeit brauchen würde, um die Dinge anders zu machen, aber sie erblickten auch die Möglichkeiten einer neuen Zeit. Einer Zeit, in der es weder Könige noch Diener gab und in der sich Manager mit Kunden und Mitarbeitern gleichermaßen beschäftigten, ganz so als wäre es ihre wichtigste Aufgabe.

Weiterführende Literatur

FESTINGER, L. (1954). A Theory of Social Comparison Processes. Human Relations, 7, 177-140.
HAUBROCK, A. (2004). Personalmanagement. Stuttgart: Kohlhammer.
HAUSER, F. und SCHMIDTNER, T. (2005). Deutschlands beste Arbeitgeber. München: Finanz Buch Verlag.
HOGG, D. und ABRAMS, D. (1988). Social Identification. A Social Psychology of Intergroup Relations and Group Processes. New York: Routledge.
ÖHLSCHLEGEL-HAUBROCK, S. (1998). Erfassung und inhaltliche Analyse von Intergruppenkategorisierungen in der Kommunikation zwischen sozialen Gruppen. Münster: LIT Verlag.
Postbank/Europressedienst (2004). eCommerce 2004. Strukturen und Potentiale des eCommerce in Deutschland aus Kunden- und Händlersicht. http://www.postbank.de/Datei/fk_ecommerce_ studie,2.pdf
TAJFEL, H. (1982). Gruppenkonflikte und Vorurteil. Entstehung und Funktion sozialer Stereotypen. Bern: Hans Huber.
TAIJFEL, H. (1982). Social Identity and Intergroup Relations. Cambridge: Cambridge University Press.
TAJFEL, H. und TURNER, J. C. (1986). The Social Identity Theory of Intergroup Behavior. In: S. Worchel und W. G. Austin (Rds.): Psychology of Intergroup Relations (S. 7-24). Chicago: Nelson.
TURNER, J. C.; HOGG, M. A.; OAKES, P. J.; REICHER, R. S. und WEHTERELL, M. S. (1987). Rediscovering the Social Group: A Self-categorization Theory. Oxford: Basil.

Zu den Autoren

Dr. Sonja Öhlschlegel-Haubrock, Dipl. Psych., Jahrgang 1965, Studium der Psychologie, Biologie und Pädagogik in Münster, Studienschwerpunkte: Soziale Kategorisierungen, Kommunikation, 1997 Promotion an der Philosophischen Fakultät der Universität Münster. 1992 bis 1995 Forschungs- und Lehrtätigkeiten an der Universität Münster und der Fachhochschule für Sozialwesen in Münster. Von 1997 bis 2001 im Personalbereich eines international tätigen Dienstleisters tätig, hier zuletzt als Gesamtpersonalleiterin der Unternehmensgruppe. Seit 2001 Personalleiterin eines Unternehmens der chemischen Industrie.

Dr. Alexander Haubrock, Dipl. Psych., Jahrgang 1963, Studium der Psychologie, Politikwissenschaft und Pädagogik in Münster. Diplom in Psychologie 1989. Promotion 1992. Nach der Promotion in einer Unternehmensberatung tätig. Arbeitsschwerpunkte: Organisations- und Personalentwicklung, Entwicklung und Coaching von Führungskräften, Personalauswahl, Konfliktmanagement in Unternehmen, Entwicklung von Unternehmensvisionen und -zielen, Planung von Unternehmensstrategien, Moderation von Workshops, Projektmanagement, strategisches Marketing. 1996 Wechsel in das Geschäftsleitungsteam eines großen mittelständischen Unternehmens. Verantwortlich für die Bereiche Personal, Organisation und Marketing. Seit 1999 Professor für Personalmanagement und Wirtschaftspsychologie an der Hochschule für Technik und Wirtschaft in Aalen. Leiter des Studiengangs Betriebswirtschaftslehre für kleine und mittlere Unternehmen.

The manufacturer's authorised representative in the EU is Springer Nature Customer Service Centre GmbH, Europaplatz 3, 69115 Heidelberg, Germany. If you have any concerns regarding our products, please contact ProductSafety@springernature.com

Printed and bound by CPI Group (UK) Ltd, Croydon, CR0 4YY

25/03/2026

02078216-0003